Aufgewachsen in JENA in den 60er und 70er Jahren

IMPRESSUM

Bildnachweis:
Kurt Geyer: S. 7, 21 u, 26, 27 u, 51 u, 55 o; Susanne Grunert: S. 18, 24 li, 25 o, 38 o; ullstein-Klöppel: S. 62 re; Stadtarchiv Jena: S. 19, 40, 41, 42; Renate Stecher: S. 29; Familie Thaldorf: S. 27 o, 45 u, 50, 55 m, 56; Stefan Wenzel: S. 4, 5, 6 o, 9, 12 o, 25 u, 31, 33 o, 44 o, 45 o, 46, 47, 49 o

Alle weiteren Bilder stammen aus dem Privatarchiv Familie Kanz.

Titelbilder/Umschlagvorderseite:
Mädchen-Motiv: Archiv Claudia Hilgers
Jungen-Motiv: Archiv Simone Zeh
Stadtmotiv: ullstein

Wir danken allen Lizenzträgern für die freundliche Abdruckgenehmigung. In Fällen, in denen es nicht gelang, Rechtsinhaber an Abbildungen zu ermitteln, bleiben Honoraransprüche gewahrt.

1. Auflage 2008

Gestaltung und Satz: Ravenstein + Partner, Verden
Druck: Bernecker MediaWare AG, Melsungen
Buchbinderei: Büge, Celle

34281 Gudensberg-Gleichen · Im Wiesental 1
Telefon: 05603/93050 · www.wartberg-verlag.de

ISBN: 978-3-8313-1917-6

Liebe Leserinnen und Leser,

nachdem in Berlin die Mauer gebaut worden war und unsere Familien nicht mehr unbedingt darüber nachzudenken brauchten, ob sie das grüne Thüringen verlassen wollen oder nicht, begann in Jena wie in anderen Städten der DDR das große Wachsen und Gedeihen. In den Sechzigern und Siebzigern wurde aus dem Ort an der Saale eine Großstadt. Die Einwohnerzahl überschritt die 100 000-Marke und Jena wurde durch neue Wohngebiete im Norden, Osten und Süden erweitert. Kinderkrippen, Schulen, Naherholungs- und Sportstätten wurden eröffnet, aber auch Betriebe der HO, die Großbäckerei, die Wäscherei, Energiezentren und Denkmale eingeweiht. Jena blühte auf.

Den nicht nur chronologischen Mittelpunkt dieser 20 Jahre bildet eine sehr ambivalente Maßnahme: 1968 beschloss man in den oberen Etagen, die historische, vom Krieg nur zum Teil zerstörte Innenstadt abzureißen, um ein großes sozialistisch-fortschrittliches Zentrum bauen zu lassen, mit einem Forschungshochhaus des VEB Carl Zeiss als Blickfang, jenem Turm, der Jena noch heute seine typische Skyline verleiht. Während also wir Kinder in den 60ern noch durch die Gassen der Altstadt und deren Läden flitzten, tummelten wir uns in den 70ern zu Füßen der Keksrolle auf dem großen „Zentralen Platz".

Was aber erlebten die Kinder und Jugendlichen dieser Jahrzehnte außerdem? Erinnern Sie sich noch?

Vorne – wie hinten Jena, unsere Heimatstadt.

Wir haben alte Fotokisten durchwühlt, Altersgenossen ausgefragt und uns ins letzte Jahrtausend zurückversetzt, um auf den folgenden Seiten festzuhalten, was manch einer wieder erkennen wird. Stöbern Sie in der Vergangenheit! Wir wünschen viel Freude dabei!

Claudia Kanz

Michael Kanz

Nach acht Tagen ganz in weiß.

Wie alles anfing

An der Grenze von den Sechzigern zu den Siebzigern stand nicht nur ein verändertes Jenaer Stadtzentrum, sondern auch die staatliche Förderung der Familienplanung. Eheschließungen und Geburtenraten waren so drastisch zurückgegangen, dass 1971 beschlossen wurde, der Stagnation ein fruchtbares Ende zu bereiten und die Lebens- und Arbeitsbedingungen junger Menschen, vor allem der Frauen, zu verbessern. Zu den Maßnahmen gehörten der verlängerte Mutterurlaub, Geburten- und Kindergeld sowie das bezahlte Babyjahr. Außerdem erhielten unsere Eltern, wenn sie heirateten, bevorzugt Wohnraum und einen zinslosen Ehekredit in Höhe von bis zu 6000 Mark. Wenn sie die Flitterwochen nutzten und bald Kinder bekamen, wurden davon 1000 bis 2500 Mark erlassen. Der Plan wurde erfüllt: Die Geburtenzahlen stiegen sprunghaft und überwanden mit Stefans, Uwes, Martins, mit Petras, Beates und Sabines den Pillenknick. Das berühmteste Jenaer Baby dieser Zeit wurde am 23. September 1975 geboren, hieß Ines Kutzschbauch und wurde als 100 000. Einwohnerin Jenas gefeiert. Mit ihr wurde aus der Kleinstadt die 14. Großstadt der Deutschen Demokratischen Republik, deren Status Ende des Jahres mit 100 277 Einwohnern gesichert war.

Geboren werden in Jena

Einige Jenenser erblickten das Licht der Welt im privaten Geburtshaus in der Beethovenstraße, welches katholische Schwestern leiteten. Pinguine wurden diese liebevoll genannt. Die meisten unserer Mütter bekamen uns jedoch in einem Kreißsaal der Universitäts-Frauenklinik in der Bachstraße. Nicht selten waren sie dabei von einigen lernbegierigen Studenten umringt, während unsere Väter – sofern sie rechtzeitig davon erfahren hatten und schnell genug an Ort und Stelle waren – unruhig durch die Flure oder mit einer Zigarette in der Hand auf dem Hof hin und her liefen. Nach der Geburt und unserem ersten Bad durfte der strahlende Papa sein abgenabeltes, eingepacktes Kind und die müde Mama in den Arm nehmen, ehe beide getrennt auf zwei Stationen untergebracht wurden. Es folgte in der Regel eine Woche der Beobachtung und Untersuchung, ehe es schließlich im Wägelchen nach Hause ging. Endlich!

Zu Hause

Da waren wir also, lagen in unseren Wiegen und Gitterbettchen oder im Körbchen, das schon Generationen aufgenommen hatte. Die Windeln waren aus guter Baumwolle, sie wurden ausgespült, eingeweicht und gekocht. Ab und an kam irgendeine Mutter mit einer Packung Wegwerfwindeln und der Behauptung, ihr Kind würde den Kunststoff nicht

Tiefergelegt, als säße er im Rennwagen.

Chronik

13.-18. Juni 1960
Zum ersten Mal findet im VEB Carl Zeiss Jena eine Messe der Meister von Morgen (MMM) statt.

18. März 1961
Die Verkehrsinsel am Holzmarkt wird eingeweiht und die neu verlegten Straßenbahngleise werden für den Verkehr freigegeben.

13./14. August 1961
Die Mauer wird gebaut. In der Nacht verlassen noch in aller Eile knapp 7000 Menschen Ost-Berlin.

5. Februar 1962
Im Villengang 2a wird das Gebäude „Jenaer Klub" eröffnet, der „Klub der Intelligenz".

3. April 1962
Hochwasser führt in Jena zur Überflutung der Saaleaue und zur Sperrung der Straße zwischen Jena-Zwätzen und Kunitz.

2.-17. Mai 1962
Die XV. Friedensfahrt (Prag-Warschau-Berlin) über 2407 km führt auch über Jena. Bei großem Andrang der Zuschauer am Straßenrand durchfahren die Radsportler die Stadt. Das Zeiss-Werkorchester, ein Spielmannszug, Gymnastik- und Turngruppen begleiten das Spektakel. Die Kuba-Krise ist derweil am Aufbrodeln.

10. Juli 1962
Die HO-Gaststätte „Weinperle" in der Johannisstraße wird als Tanzbar neu eröffnet.

12. Juli 1963
Zum Ende des Studienjahres 1962/1963 schließt die Arbeiter-und-Bauern-Fakultät, an der seit 1949 mehr als 4500 Studenten ausgebildet wurden.

5. November 1963
Die Ernst-Abbe-Bücherei gründet den 1. Jugendklub in Jena mit 23 Mitgliedern.

vertragen. Mutti probierte an uns das neumodische Zeug, um es bald darauf als Unfug zu verwerfen, weil der Kinderpopo rot zu pickeln und zu leuchten begann. Zum Glück gab es die Milch von der Brust, um uns zu trösten. Wenn eine Mutter genug Milch hatte, konnte sie diese abpumpen, in dafür vorgesehene sterile Fläschchen füllen und zur Muttermilchannahmestelle in die Rathenaustraße bringen. So konnten Mütter, die wenig oder gar keine Milch hatten, ihren Kindern trotzdem

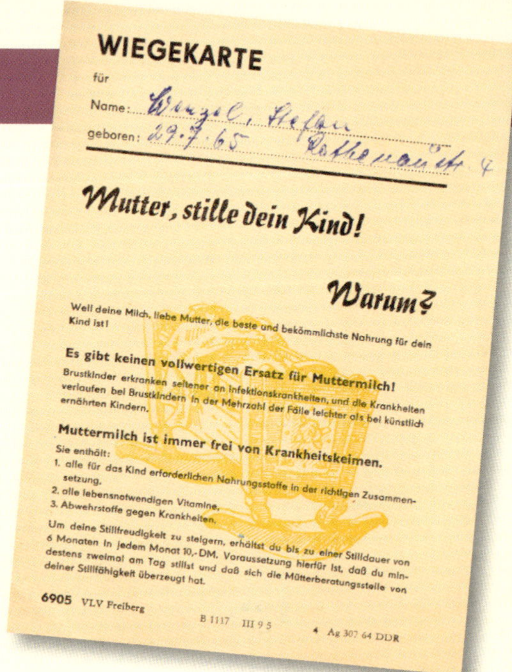

WIEGEKARTE

für

Name: Wenzel, Stefan

geboren: 29.7.65 Rathenaustr. 4

Mutter, stille dein Kind!

Warum?

Weil deine Milch, liebe Mutter, die beste und bekömmlichste Nahrung für dein Kind ist!

Es gibt keinen vollwertigen Ersatz für Muttermilch!

Brustkinder erkranken seltener an Infektionskrankheiten, und die Krankheiten verlaufen bei Brustkindern in der Mehrzahl der Fälle leichter als bei künstlich ernährten Kindern.

Muttermilch ist immer frei von Krankheitskeimen.

Sie enthält:

1. alle für das Kind erforderlichen Nahrungsstoffe in der richtigen Zusammensetzung,
2. alle lebensnotwendigen Vitamine,
3. Abwehrstoffe gegen Krankheiten.

Um deine Stillfreudigkeit zu steigern, erhältst du bis zu einer Stilldauer von 6 Monaten in jedem Monat 10,- DM. Voraussetzung hierfür ist, daß du mindestens zweimal am Tag stillst und daß sich die Mütterberatungsstelle von deiner Stillfähigkeit überzeugt hat.

6905 VLV Freiberg B 1117 III 9 5 4 Ag 307 64 DDR

Die obligatorische Wiegekarte mit den ersten guten Tipps.

Unsere Mütter waren jung und schön.

gute Muttermilch geben. Früher oder später stiegen wir alle um auf Milchersatz- oder -Folgenahrung mit den Namen Kina und Milasan vom VEB Dauermilchwerke Stendal.

Hatte die junge Mutti irgendwelche Fragen oder Probleme – ob es nun das Baden betraf, das Schlafen oder das Schreien – die Mütterberatung im Stadtzentrum half und vermittelte. Und wenn ihr das nicht reichte, fragte sie die Freundin beim Spazierenschieben oder auf dem Spielplatz.

1,40 M pro Kind und Tag

In Jena waren 1974 mehr als die Hälfte der Ein- bis Dreijährigen in Kinderkrippenbetreuung, womit die Saalestadt diesbezüglich Republikspitze war. Viele Mütter standen in einem vollen Arbeitsverhältnis, was unsere Eltern jedoch nicht davon abhielt, sich in ihrer Freizeit regelmäßig um unsere Auf-

Gute Laune ist wichtig.

enthaltsorte zu kümmern. Zusammen mit den jeweiligen Hausmeistern verbesserten sie die Qualität der Kinderbetreuungseinrichtungen; sie pflanzten Blumen, verschönerten die Fassaden und malerten unsere Zimmer. Ein Kindergartenplatz kostete nur wenig Geld, 1,40 Mark pro Kind und Tag. Die freiwilligen Einsätze unterstützten diese günstige Versorgung.

Picknick im Sandkasten.

Jenaer Prominente

Sahra Wagenknecht-Niemeyer wird 1969 in Jena geboren, geht zwar in Berlin zur Schule, studiert jedoch Philosophie und Literatur unter anderem auch wieder in Jena. Sie beendet ihr Studium mit der Arbeit „Vom Kopf auf die Füße?" Zur Hegelrezeption des jungen Marx, oder: Das Problem einer dialektisch-materialistischen Wissenschaftsmethode? Bis 1995 ist sie Mitglied des PDS-Parteivorstandes, ab 1991 auch Mitglied der Leitung der Kommunistischen Plattform der PDS. Sahra Wagenknecht tritt für eine radikale Linie ein und ist deshalb auch innerhalb der Partei Die Linke umstritten.

Bernd Schneider, 1973 in Jena geboren, beginnt das Fußballspielen mit sechs Jahren bei Aufbau Jena und wechselt drei Jahre später in die Jugendmannschaft des FC Carl Zeiss. 1991 wird er in den Kader der ersten Mannschaft aufgenommen und gibt sein Profi-Debüt im Alter von 17 Jahren in der 2. Bundesliga. 1998 wechselt Schneider in die 1. Liga zum Aufsteiger Eintracht Frankfurt und 1999 zu Bayer Leverkusen. Bei der Wahl zum Fußballer des Jahres 2007 belegt Schneider hinter Gomez und Diego Platz 3. Der „weiße Brasilianer" wird für seine vielseitigen spielerischen Fähigkeiten gelobt.

Robert Enke erblickt 1977 in Jena das Licht der Welt und startet seine Fußballkarriere 1993 in der Jugend des SV Jenapharm als Feldspieler. Erst später wird er Torwart. 1995 wechselt er zum Profiklub Carl Zeiss Jena und absolviert in der 2. Bundesliga drei Spiele, ehe er zu Borussia Mönchengladbach geht. 1999 wechselt Enke nach Portugal, 2002 nach Spanien, ein Jahr später in die Türkei, wieder nach Spanien und schließlich zu Hannover 96. Robert Enke wird 2006 das vierte Mal in Folge zum besten Torhüter der Bundesliga gewählt und im März 2007 erneut in die Nationalmannschaft berufen.

Kindergärtnerei

Oft suchten unsere Eltern erst dann nach einer eigenen Wohnung, wenn der Nachwuchs den Bauch der werdenden Mama dick wölbte oder sogar erst, wenn sie merkten, dass das Durchgangszimmer in der Großmutter-Wohnung nicht die optimale Unterkunft für ein Kleinkind ist. Dann gingen sie auf die Suche nach einem Zuhause mit einem Kindergarten in der Nähe, der möglichst kleine Gruppen und möglichst große Freiflächen aufweisen sollte.

Ein Blick in die erste eigene Wohnung des großen Bruders, Mitte der 70er Jahre.

Der 1957 eröffnete Kindergarten des Hauptpost- und des Fernmeldeamtes in Jena-Ost war einer der neuesten und damit begehrtesten. Die Eltern waren begeistert von den vier schönen hellen Spielzimmern, von den kindergerechten Wasch- und Duschräumen, vor allem aber vom großen grünen Garten, der abseits vom Verkehr lag. Da sah die Mutti auch mal darüber hinweg, dass die Gruppen etwas größer waren. Und auch wir Kinder sahen darüber hinweg, denn es gab viele Spielsachen und draußen sogar ein neues Karussell.

Rotkäppchen, Prinzessin, Indianer – Verkleiden ist toll!

Ab zum Spielen

Der Paragraph 43, Absatz 1 der „Stadtordnung für die Stadt Jena“ von 1970 besagt: „Kinderspielplätze dienen dem Spiel und der Gesunderhaltung unserer Kinder und müssen deshalb pfleglich behandelt werden.“

Die meisten Spielplätze hatten eine Wippe, Schaukeln und einen Sandkasten, viele einen Kletterpilz und manche ein Fußballtor. Auf beinahe jedem stand auch ein – eigentlich – gefährliches Karussell mit vier Sitzschalen inklusive Kettenverschlüssen, die jedoch oft abgerissen waren. Das Hinterhältige an diesem Spielgerät war, dass es schnell mal ein Kind – das abgestiegen war, weil es keine Lust mehr hatte – im vollen Dreh eine seiner eisernen Träger in den Rücken oder an den Hinterkopf schlug. Das passierte nicht gerade selten. Und trotzdem drehten wir uns gern.

Bausand – Spielsand. Die Cousinen freuen sich.

Unterwegs

Den Weg zum Spielplatz befuhren wir anfangs mit dem Dreirad, später mit dem Holzroller und noch später mit dem Luftroller. Der hatte sogar einen Sitz, welcher jedoch so weit unten saß, dass wir oft stehend fuhren. Wenn die großen Jungs aus der Nachbarschaft an ihren Mopeds und Motorrädern bastelten, erbettelten wir Kleineren uns auch mal eine Lampe. Die ließen wir uns vorn an die Lenker bauen, montierten uns hinten an die Sitze eine Luxuslehne und fuhren mit unseren schweren Maschinen durch die Straßen des Wohngebiets.

Wenn wir in der Schule waren, bekamen wir meist das erste Fahrrad. Damit durften viele von uns nicht allzu weit und auf keinen Fall zu gefährliche Strecken fahren. Außerdem mussten wir unser neues Rad schonen und gut darauf aufpassen, damit es möglichst lange aussah wie neu.

Mitten im Wald: der Fuchsturmspielplatz auf dem Hausberg.

Das „Maiglöckchen" – eine „Heimat für Heimatlose".

„Sophienhöhe" und „Maiglöckchen"

Der Reform- und Heilpädagoge Johannes Trüper gründet im November 1890 die bekannte Trüpersche Anstalt für entwicklungsgeschädigte und -gestörte Kinder. 1892 erwirbt er das ehemalige Sanatorium Sophienhöhe in Jena, um es zu einer Anstalt der Heil- und Sozialpädagogik, zu einem Komplex von Heim, Schule, Berufsausbildung und Jugendsanatorium auszubauen. Im Sinne Trüpers wird die Einrichtung in der Anlage um die Villa am Landgrafen weitergeführt, bis sie 1955 – in „Sonderschule für charakteropathisch debile Kinder und Jugendliche Johannes Trüper" umbenannt – neue Richtlinien erhält. Doch in der Nacht zum 13. Mai 1965 legt ein Fünfzehnjähriger einen Brand in einer Besenkammer, der sich rasch ausbreitet und große Teile des Hauses vernichtet. Zwei Sonderschüler entdecken das Feuer, doch als die Löschfahrzeuge einrücken, sind ihm bereits sieben Jugendliche zum Opfer gefallen. Die notwendigen Rekonstruktionsmaßnahmen übersteigen die finanziellen Mittel der Stadt und am 31. Juli 1966 wird der Schul- und Internatsbetrieb eingestellt.

1904 wird im Ziegenhainer Tal eine neue Schule gebaut, die jedoch bald nicht mehr für die Kinder der Umgebung ausreicht, sodass weiter unten im Tal ein neues Schulgebäude eröffnet werden muss. 1917 pachtet die Diakonisse Eva von Thiele-Winckler das leer stehende Haus samt Grundstück und erklärt es zur evangelisch geleiteten „Heimat für Heimatlose". Im sogenannten „Kinderheim Maiglöckchen" werden Waisen und Kriegsflüchtlinge aufgenommen, aber auch für einige Monate oder über einen Sommer Kinder betreut und erzogen, deren Eltern anderweitig eingebunden sind. Ende der 60er Jahre wird das Heim aufgelöst.

Am 1. April 1962 weiht der VEB Schott & Gen. in der Prof.-Ibrahim-Straße, dem heutigen Forstweg, ein neues Kinderheim ein. 170 Kinder finden darin ein Zuhause.

Der alte Herr Doktor

Unterm Markt beim Bismarcbrunnen, dem Eingang zur Jenaer „U-Bahn“, gab es eine Haustür, die zur Praxis des einzigen in Jena niedergelassenen Kinderarztes führte. Doktor Planer-Friedrich war ein würdiger älterer Herr, der pünktlich zur Sprechstundenzeit das knarrende Treppenhaus hochschnaufte. Seine Praxis sah aus wie eine Wohnung – die Zimmer hell, das Holz dunkel und der Arzt darin sehr freundlich. Die meisten Kinder aber lernten ihn nicht mehr kennen, da Jena gleich beim Westbahnhof auf ein gutes Kinderkrankenhaus verweisen konnte, das sowohl ambulant als auch stationär kranken Kindern und deren Eltern zur Verfügung stand. Es war gerade erst durch einen Neubau erweitert worden, in dem Anfang 1960 die ersten Sprechstunden abgehalten wurden.

Im Krankenhaus

Hatten wir hohes Fieber oder Halsschmerzen, ließen uns unsere Eltern in der Kinderklinik untersuchen; meist bekamen wir ein Rezept verordnet und durften wieder nach Hause. Zur Belohnung für Tapferkeit gingen wir manchmal aus dem Hinterausgang und über die steile Treppe hinunter zur Lutherstraße, wo Goldbroiler seine Hähnchen verkaufte. Wir nahmen zwei mit und zerlegten sie zu Hause zur Freude aller Gesunden und natürlich des Kranken, der die erste Wahl bei den Stücken hatte. Manchmal allerdings durften wir nicht wieder mit den Eltern heim. Meist dann, wenn wir uns schlimme Verletzungen zugezogen hatten, der Blinddarm zuckte oder die Mandeln entzündet waren. Dann

Wohin des Wegs?

Ist das deine kleine Schwester?

blieben wir unter ärztlicher und schwesterlicher Aufsicht und bekamen eines der Betten in einem der Zimmer. Natürlich getrennt: die Mädchen in dem einen, die Jungen in dem anderen. Nur eine große Veranda verband die Räume. Diejenigen von uns, die keine strenge Bettruhe verordnet bekommen hatten, liefen umher und ließen es sich so gut gehen, wie es eben ging. Und während wir über die Flure huschten, organisierten wir uns tuschelnd und kichernd ein heimliches Jungen-Mädchen-Treffen auf der Veranda. Ein wenig ließ man uns gewähren.

Sehenswertes Jena

Auch zu sehen gab es in Jena einiges – das Planetarium, das Schillerhaus mit dem Schillergarten, Goethes Wohnhaus und den Botanischen Garten. Das gotische Rathaus von 1340, das Optische Museum im Griesbachgarten, den Fuchsturm und die Jenaer Sternwarte. Der 365 m hohe Jenzig, der Landgrafen als Aussichtspunkt und die Lobdeburg wurden in den Sechzigern vom Rat der Stadt Jena

Post aus Jena Ende der 70er Jahre.

Chronik

Januar 1964
Alle 83 600 Einwohner Jenas – darunter 13 796 Rentner und Rentnerinnen, 17 000 Jugendliche (14–25) und 2000 Handwerker und Gewerbetreibende – erhalten neue Personalausweise.

14. Januar 1964
Bei plötzlichem Glatteis in der Nacht müssen 65 Einwohner mit Prellungen, Verstauchungen oder Knochenbrüchen in die Universitätsklinik eingeliefert werden.

1. März 1964
The Butlers geben ihr Debüt in Leipzig. Bald darauf werden sie wie viele andere Bands der DDR verboten. Die Jugend geht auf die Straße: „Beatkrawalle".

14.-19. Juli 1964
In Jena ist es warm – bis zu 34,4 °C im Schatten.

29. und 30. August 1964
Im Ernst-Abbe-Stadion finden die Olympiaausscheidungen DDR – BRD in der Leichtathletik statt.

13. Juli 1965
Die Stadt Jena wird an das Ferngas-Leitungsnetz angeschlossen. Gleichzeitig erfolgt die Stilllegung des 103-jährigen Jenaer Gaswerkes.

3. August 1965
Das Optische Museum am Carl-Zeiss-Platz wird eröffnet.

15. Januar 1966
In Jena misst man bei Schnee und Eis eine Temperatur von -22 °C.

5. Mai 1966
Die Erschließungsarbeiten für das Neubaugebiet Lobeda-West beginnen.

19. November 1966
Die Festwoche anlässlich des 120-jährigen Bestehens des VEB Carl Zeiss Jena wird eröffnet.

Der zentrale Platz in Jena.
Rechts die Stadtkirche St. Michael.

Grüße aus Jena Mitte der 60er Jahre.

zu Schwerpunkten der Naherholung erklärt. Mit den Berggesellschaften hatte man Objektverträge abgeschlossen und sorgte sich zudem um Platz für Spiel, Sport und frohes Treiben. So zum Beispiel im Naherholungszentrum VEB Jenapharm und später auch in Lobeda.

Schwierige Verhältnisse

Jena verfügte über 21 Kinderkrippen, 27 Kindergärten und über 21 Horte für Schulkinder. Das war nötig, denn gut 20 000 Kinder und über 4000 Jugendliche wollten behütet werden, wollten spielen und was erleben. Wir merkten kaum, dass zwischen den farblosen Fassaden die Straßen ihre Schlaglöcher präsentierten, sahen nur, dass nach dem Regen in der Grietgasse und Neugasse die größten und tiefsten Pfützen standen, durch die dann laut klappernd und quietschend die Straßenbahnen fuhren. Die waren so voll wie die Busse, auf die wir oft ewig warteten, um vielleicht noch einen Stehplatz zu bekommen, vielleicht aber auch an der Haltestelle stehen bleiben mussten, bis der nächste Bus kam, oder der übernächste, weil der nächste dann doch ausgefallen war. Gemeckert haben darüber alle, trotz der niedrigen Preise für die öffentliche Beförderung. Aber was sollten wir machen, wenn die Eltern etliche Jahre auf das Auto warten mussten?

Da gibt es was zu sehen. Die Johannisstraße in Jena.

Unser Auto

Als wir dann eines hatten, fuhr Vati es erst mal nur in Ehren und an besonderen Tagen, er polierte und wusch und schützte das Kleinod vor allen inneren und äußeren Feinden. Und wenn wir ehrlich sind: Wir Kinder mit unseren spitzen Spielzeugen, mit schmutzigen Schuhen und klebrigen Fingern zählten grundsätzlich zu den Feinden. Ersatzteile zu bekommen war schließlich nicht einfach. Wie die Bananen verschwanden diese schnell unter den Tischen und in den hinteren Verkaufsräumen. Wir wurden daran gewöhnt, denn von klein auf haben wir uns im Anstellen geübt. Immer dann, wenn es etwas zu geben schien. Aber wir taten auch andere, aus heutiger Sicht kuriose Dinge – so fuhren wir zum Beispiel mit den Eltern nach Apolda, um eine Lampe zu kaufen. Irgendwer hatte gehört, dass es dort vielleicht welche geben würde. Also fuhren wir los und hofften.

Über die Paradiesbrücke ins Zentrum Jenas.

Stadt, Land, Fluss

„Ecco la mia piccola Fiorenca", soll Karl V. ausgerufen haben, als er im Frühjahr 1547 von der Schlacht bei Mühlberg ins Saaletal geritten kam. Gut 400 Jahre später erinnerte Jena nicht mehr unbedingt an Florenz: Die Bäche und Bächlein, die von den vielen Hängen zur Saale hinabflossen, waren inzwischen großenteils gestaut oder wurden unterirdisch geleitet. Auch hatte das beschauliche Weinbauernstädtchen, in dem noch 1818 gerade einmal 4459 Menschen gezählt worden waren, seine Einwohnerzahl verzwanzigfacht.
Neben der 1548 gegründeten Universität gab es inzwischen namhafte Betriebe. Riesig war damals der VEB Carl Zeiss Jena mit 18 000 Beschäftigten – jeder dritte Jenaer arbeitete dort und es hieß manchmal, Jena sei Zeiss und Zeiss sei Jena. Aber auch das JENAer Glaswerk Schott & Gen. belieferte weltweit Kunden und der VEB Jenapharm war als größter pharmazeutischer Betrieb der DDR bekannt.

Auf dem Jahrmarkt

Zum Frühjahrsmarkt 1961 nieselte und regnete es im Wechsel. Wir liefen an der Seite der Mütter durch die Reihen und sahen zu, wie sie von den Socken über die Schnürsenkel bis zur Unterwäsche die angebotenen Waren prüften und schwatzten. Es gab Schaumbadflaschen, Kaffeesiebe und Kochtöpfe – es war langweilig. Die einzige Freude bereiteten uns Pfefferminze, gebrannte Mandeln und Bockwürste. Aber auch der Fischbrötchenstand der Wetzels war eine Attraktion. Es war nur ein ganz kleiner Wagen, von dem aus das alte Ehepaar die Fischbrötchen verkaufte und es gab immer eine lange Schlange davor. So konnten wir beobachten, in welcher affenartigen Geschwindigkeit der alte Mann Zwiebeln schnitt, die Brötchen schnappte, aufklappte, den Fisch rein, die Zwiebeln, zuklappte – Wahnsinn! Die Fischbrötchen waren klasse, und damit das auch jeder lesen konnte, stand als Werbung „Wetzels Delikatessen werden gern gegessen" oben auf dem Wagen, der nicht größer gewesen sein dürfte als ein alter QEK Junior. Die alten Wetzels kamen aus Weimar und so konnte man manchmal auch dort ein Fischbrötchen zum Preis von 25 oder 30 Pfennig haben.

Alles frisch

Die Märkte im Herbst waren spannender. Der Verband der Kleingärtner, Siedler und Kleintierzüchter bereitete in den Siebzigern Leistungsschauen vor, bei denen die größten Kürbisse oder die geradesten Karotten oder die schönsten Blumen ausgezeichnet wurden. Auf die Tische kam das, was Feld, Hof und Garten zu dieser Jahreszeit bereithielten, nämlich Obst, Gemüse, Blumen, Honig, Eier und Fleisch. Außerdem gab es Solidaritätsbasare, natürlich die Industriewaren, Made in GDR, und meist auch Früchte aus dem Süden, also Zitronen und Orangen.

Wochenmarkt vor dem Jenaer Rathaus.

Zuckerwatte – süß, klebrig und lecker.

Die beliebten Stadtfeste

Feste feierten wir auch. Stadt-Feste, Zeiss-Feste, Sportfeste, Kindertagsfeste. Das Paradiesfest-Komitee organisierte auf der Rasenmühleninsel für 100 000 Besucher Massenveranstaltungen, wie sie gern genannt wurden. Dort gab es dann Ballettabende des Staatstheaters Dresden, Konzerte des Sinfonieorchesters, Tanzveranstaltungen, Varieté und Sport. Zwei Tage Künstler, Kapellen und Ensembles. 70 000 Brat- und Bockwürste und 30 Zentner Speiseeis.

Zeiss-Feste

Auch der VEB Carl Zeiss Jena bot solche Zahlen bei Zeiss-Festen auf dem Ernst-Abbe-Sportplatz. Neben sportlichen Wettkämpfen standen kulturelle Darbietungen. Die Vatis und die großen Brüder erprobten sich an den Schießständen und erschossen Papierblumen für die Damen. Man munkelte, die Gewehrläufe wären absichtlich verbogen worden, denn gerade die besten Soldaten trafen am häufigsten daneben. Oft hielten wir trotzdem eine Papierblume in der Hand, wenn wir uns vor die Puppenbühne setzten und über das Krokodil und den Kasper lachten.
Wir losten auch gern an der Kinder-Tombola, nachdem unsere Eltern an der für die Erwachsenen eine Flugreise knapp nicht gewonnen hatten, dafür aber der Onkel einen Feldstecher mit nach Hause nehmen durfte. Die Orchesterauftritte und das Kabarett interessierten uns Kinder kaum. Wir liefen lieber rüber zur Luftschaukel, sausten die Rutschbahn runter oder bettelten um die nächste Karussellfahrt. Es gab Bierzelte, Bratwurststände und Verkaufskioske. Opa überließ uns meist seine Wertmarken, sodass wir uns Limo und eine Thüringer holen konnten.

Unser Paradies

„Hübsch, wie sich alles wieder belebt", heißt es Anfang der Sechziger in der Tageszeitung, „mit Menschen, Blumen und Vögeln." Für uns hatte das Paradies seinen Namen zu Recht. Wir liebten den neuen Märchenbrunnen mit seinen vielen Tierfiguren, der leider Anfang der 70er durch Vandalismus zerstört wurde. Wir gingen nachmittags mit den Eltern zum Limo-Trinken ins Paradiescafé. (Als wir älter waren, gingen wir dort tanzen und tranken Bier.) Es gab für uns Kinder einen Sandkasten und sogar ein Planschbecken, ein Karussell und eine Wippe. Wir brachten altes Brot mit und hockten uns an die Saale, um die weißen Schwäne zu füttern, die hübschen braunen Enten und die Erpel mit den schillernden Köpfen.
Dort, wo jetzt die zweispurige Schnellstraße nach Lobeda verläuft, streichelten wir einst die Ziegen

und Ponys des Tierparks Oberaue, in dem auch Schafe, Hirsche im Freigehege, Füchse, Pfauen und Hühner lebten. Durch die Oberaue zogen wir an Feiertagen oft mit Lampions oder Fackeln zur Stadtmitte, während auf der Saale beleuchtete Boote fuhren. Manchmal gab es an Kindertagen bunte Märchennachmittage im Park oder lustige Hindernisläufe mit Puppenwagen und Kleidungswechsel. Das hat immer viel Spaß gemacht.

Die Großeltern besuchten mit ihren Enkeln gern das Tiergehege.

Zirkus Busch

Manch einer behauptet, das Zirkuszelt hätte damals auch im Paradies gestanden. Aber das stimmt nicht. Es stimmt nur, dass einmal im Jahr ein Zirkus die Stadt besuchte, meist war es sogar

Der Pfau gehörte zu den Attraktionen des Tierparks Oberaue.

der größte der Republik: Zirkus Busch. Der stellte am Gries, gleich bei der Saale, seine Wagen ab und schlug das große Zelt auf. Für wenig Geld konnte die ganze Familie hineingehen und die vielen Tiere, den Clown und ein paar Artisten bestaunen. Wir gingen jedes Jahr. Auch die Kinder von außerhalb kamen und wir standen alle brav in der Reihe, um eine Zuckerwattewolke zu ergattern oder auch mal ein sahnig-süßes Eis am Stiel.

Arbeiterwohnviertel

In Neu-Lobeda zu wohnen hatte Vor- und Nachteile gleichermaßen. Die Wohnungen waren hell und geräumig, die Freunde wohnten bestenfalls gleich um die Ecke und – sofern es einen Fahrstuhl gab – war auch Fahrstuhlfahren nicht das Schlechteste. Aber durch die dünnen Wände hörten wir die Nachbarn öfter streiten, als wir wollten. Oder wir lauschten, gezwungenermaßen, wenn sie das Treppenhaus hoch- und runterschlichen, um an den Antennen auf dem Dachboden zu drehen und dadurch den Fernsehempfang zu verbessern. Im Gegensatz zu den Ein- und Mehrfamilienhäusern, in denen wir uns durch die Flure zuriefen, ob das Bild besser oder schlechter werde, ob der, der oben auf dem Dachboden hockte, das Schokoladensilberpapier eher rauf- oder runterschieben solle, geschah das alles in den Großblockbauten der 60er still und heimlich. Bei aller Freundlichkeit herrschte großes Misstrauen. Und wenn wir dann aus dem Fenster des eigenen Blocks auf die Fenster des gegenüberliegenden Blocks starrten, wünschten wir uns manchmal schnell zu den Großeltern aufs Land, um die grunzenden Schweine zu beobachten, die flatterigen, gackernden Hühner über den Hof zu jagen, uns an den störrischen Ziegen zu erfreuen oder um einfach nur die schnurrende Katze zu kraulen.

Neben der Stadt

Wir von den Dörfern wohnten meist in Häusern mit Hof, die seit Generationen der Familie gehört hatten und in denen mit uns auch unsere Großeltern lebten. Wir vom Dorf kamen manchmal nach Jena, in die Stadt.
Nicht der Schule oder des Kindergartens wegen, denn beides gab es in einigen etwas größeren Orten, zu denen Kindergartenbusse oder Schulbusse fuhren. Mutti brachte uns morgens an den Bus, der fuhr zur Einrichtung, wo uns meist eine Erzieherin oder Lehrerin abholte, und nachmittags war es umgekehrt.
Wir fuhren auch nicht nach Jena, um die „Waren des täglichen Bedarfs“ zu besorgen. Denn dafür hatten wir das Konsumauto und eine Frau im Ort, „die den Konsum machte“. Sonntags brachten wir zu dieser den Bestellschein, auf dem angekreuzt war, wie viel Brot, Mehl, Kaffee, Joghurt oder Würfelzucker wir brauchten. Mittwochs kam das Konsumauto und lud das Bestellte sortenrein in einen kleinen Lagerraum. Zu dem gingen wir dann mit dem zweirädrigen Blechkarren, um die Dinge, die auf unserer Liste standen, mitzunehmen. Hatte Mutti etwas vergessen, musste sie bis zur nächsten Woche warten oder jemand aus der Nachbarschaft half aus.

Neu-Lobeda und die Autobahn.

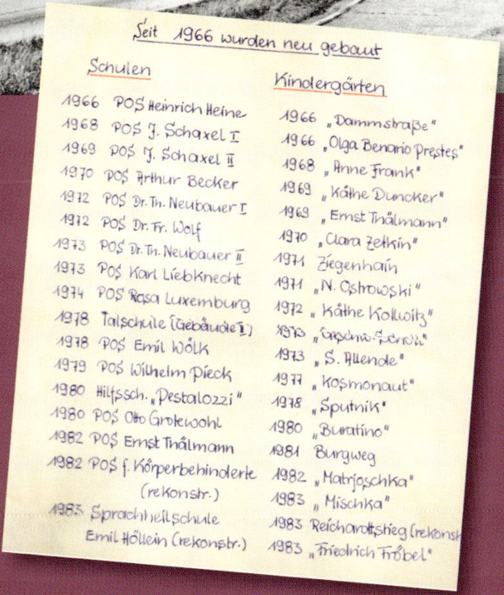

Seit 1966 wurden neu gebaut

Schulen

1966 POS Heinrich Heine
1968 POS J. Schaxel I
1969 POS J. Schaxel II
1970 POS Arthur Becker
1972 POS Dr. Th. Neubauer I
1972 POS Dr. Fr. Wolf
1973 POS Dr. Th. Neubauer II
1973 POS Karl Liebknecht
1974 POS Rosa Luxemburg
1978 Talschule (Gebäude I)
1978 POS Emil Wölk
1979 POS Wilhelm Pieck
1980 Hilfssch. „Pestalozzi"
1980 POS Otto Grotewohl
1982 POS Ernst Thälmann
1982 POS f. Körperbehinderte (rekonstr.)
1983 Sprachheilschule Emil Höllein (rekonstr.)

Kindergärten

1966 „Dammstraße"
1966 „Olga Benario Prestes"
1968 „Anne Frank"
1969 „Käthe Duncker"
1969 „Ernst Thälmann"
1970 „Clara Zetkin"
1971 Ziegenhain
1971 „N. Ostrowski"
1972 „Käthe Kollwitz"
[illegible] „[illegible]"
1973 „S. Allende"
1977 „Kosmonaut"
1978 „Sputnik"
1980 „Buratino"
1981 Burgweg
1982 „Matrjoschka"
1983 „Mischka"
1983 Reichardtsteg (rekonstr.)
1983 „Friedrich Fröbel"

Jena wächst

Am 3. September 1966 schreibt Gerhard Pröhl in „Das Volk":
„Heute zählt Jena 86 500 Menschen. Bis 1980 werden es sicher über 100 000. Die Stadt wird zu eng, sie platzt aus den Nähten. Im Norden der Stadt, in Richtung Camburg, sind in den vergangenen acht Jahren zwei völlig neue Wohngebiete entstanden: Nord I und Nord II. Moderne und komfortable Wohnungen, Hochhäuser, moderne Geschäfte, großzügig angelegte Straßen. Dort, wo vor zehn Jahren noch die Sense im Sommer durch das Korn rauschte, tummeln sich heute Kinder der Zeiss-Angehörigen in modernen Kindergärten, stehen neue Schulen, die den Namen von Magnus Poser, des unvergessenen Jenaer Widerstandskämpfers, und von Clara Zetkin tragen. Allein in diesen Gebieten entstanden 3500 neue Wohnungen. Auch im Osten der Stadt, im Gebiet der Tümplingstraße, entstand ein hochmodernes Wohnviertel.

Das Saaletal ist eng, auf die schroffen Kalkberge kann man nicht bauen. Wohin also mit weiteren Neubauten? Die Lösung wurde gefunden: Unweit der Autobahn, in unmittelbarer Nähe von Jena-Lobeda, entsteht die neue Wohnstadt Jena-Lobeda-Süd. Mit der Montage der ersten Wohnblocks wurde im August begonnen. Hier wächst in wenigen Jahren eine völlig neue Satellitenstadt mit 6500 Wohnungen. Eine Schnellstraße verbindet Lobeda-Süd mit dem Zentrum."
1949 bis1979 entstehen in Jena 17 546 Wohnungen und Eigenheime, 2480 werden umgebaut, ausgebaut oder modernisiert.
1979 hat Jena 28 polytechnische, erweiterte und Sonderschulen und 47 Kindergärten.

Zur Postfrau

Wir hatten eine „Post" im Ort, vor der das Milchauto die vollen Milchkästen für das ganze Dorf abstellte und die leeren mitnahm. Bei der Frau, „die die Post machte", bekamen wir Postwertmarken, wir konnten ein Telegramm aufgeben oder telefonieren. Nur wenige Haushalte hatten ein eigenes Telefon, sodass wir anderen, wenn wir Wichtiges fernmündlich zu klären hatten, zur Postfrau gingen und uns mehr oder weniger steif in deren Wohnzimmer setzten, wo auch das Telefon stand. Die Postfrau wählte die entsprechende Nummer, reichte den Hörer weiter und blieb neben uns sitzen, bis wir fertig waren. Dann gingen wir wieder nach Hause.

In die Stadt

Im Grunde hatten wir, was wir brauchten. Vor allem jede Menge Auslauf.
Also fuhren wir von den Dörfern nur aus besonderem Anlass in die Stadt. Mit dem Kindergarten ins Theater, um „Hase und Igel im Wettlauf" zu sehen. Oder mit der Schule, um im Volksbad – später in Lobeda-West – den Kopfsprung und das Schwimmen zu lernen. Um die Städtische Feuerwehr, den Botanischen Garten, das Planetarium oder das Phyletische Museum zu besuchen. Um im Pionierhaus aus großen bunten Töpfen Farbe auf lange Papierbahnen zu schmieren oder uns in der Stadtbücherei Kinderbücher und die Einrichtung zeigen zu lassen. Oder einfach nur, um Eis zu holen.

Lauter Leute am Leiterwagen.

Eisholen per Bus

Manchmal fuhren wir mit dem kleinen beigefarbenen Bus, der noch aus den Fünfzigern stammte und oft einen mindestens genauso alten Personenanhänger hinter sich zog. Das private Busunternehmen bestand aus dem Fahrzeug und seinem Anhänger plus dem Fahrer und seinem Schaffner. Letzterer ging durch die Reihen und verkaufte uns aus dem Bauchladen die Fahrkarten: Er leckte den Finger an und zog die jeweiligen Papierzettelchen aus seinem Kasten, dann zählte er das Geld ab und ging wieder nach vorn. Denn meist waren wir die letzten abzukassierenden Fahrgäste, die – am liebsten – ganz hinten in der langen Reihe saßen und durch das große Fenster schauten. Halb drei fuhr der Bus zu Hause ab, wir stiegen am Teichgraben aus und rannten mit unserem Thermosbehälter hoch zu Hutschenreuter. Dort füllte der Verkäufer uns softes Schoko-Vanille-Milchspeiseeis in das Gefäß, wir bezahlten und flitzen runter zum Inselplatz, um mit dem nächsten Bus wieder zurück ins Dorf zu fahren. Wenn eine lange Schlange beim Eis stand, verpassten wir den Bus und mussten bis um fünf warten, um den „Arbeiterbus" zu nehmen. Der war meist recht voll, aber uns war es recht, wenn wir nur bald zu Hause sein konnten, um unser Eis zu essen.

Aus der Stadt

In den „großen Sommerferien" waren immer doppelt so viele Kinder wie sonst im Dorf, denn „die aus der Stadt" verbrachten ihre Ferien oft bei den Großeltern. Anfangs beäugten wir die Städter miss-

Chronik

5. Januar 1967
Das Kino Palast-Theater am Holzmarkt wird neu eröffnet.

1. März 1967
Der Rat der Stadt Jena beschließt die städtische Höchstbebauungsgrenze.

20. April 1967
Der Generalsekretär des ZK der KPdSU, Leonid I. Breshnew, besucht die Stadt und den VEB Carl Zeiss Jena.

5. Mai 1967
Auf dem Westbahnhof treffen 300 junge Vietnamesen ein, welche bei Zeiss, Jenapharm und im Glaswerk zu Facharbeitern ausgebildet werden und in dem ehemaligen Jugendheim Trüper auf der Sophienhöhe wohnen sollen.

20. Juli 1967
Die Handelsorganisation (HO) eröffnet am Holzmarkt ihre Fischgaststätte „Forelle".

28. August 1967
Die 5-Tage-Woche wird eingeführt. Endlich Wochenende!

1. Januar 1968
Der Großhandel für Obst/Gemüse/Speisekartoffeln nimmt seine Arbeit auf.

7. März 1968
Nach erfolgreicher Renovierung eröffnet man die Milchbar am Johannisplatz.

22. April 1968
In Jena wird mit 32,5 °C der heißeste April-Tag seit 1800 gemessen.

1. Juli 1968
Das Naherholungszentrum Lichtenhainer Bad wird durch den VEB Jenapharm eingeweiht.

Der Platz der Kosmonauten,
zum Verweilen und Versammeln.

Stangenbohnen-Bohnenstangen.

Ziegenhain, am Rande der Stadt im grünen Tal.

trauisch, doch bald schon spielten wir miteinander Verstecken, bauten am Bach Staudämme, verschönerten den Dorfplatz mit unseren Kreidekunstwerken, stromerten stundenlang im Wald oder badeten im Feuerlöschteich. Aus dem musste dann auch so mancher Nichtschwimmer-Besuch aus Lobeda gerettet werden.

Ab in die Schule!

Mit der spitzen Tüte und am Weltfriedenstag, dem 1. September, so wurden auch in den 60er und 70er Jahren wir Sechs- und Siebenjährigen in die Schule gebracht. Die Väter bekamen extra arbeitsfrei oder NVA-Urlaub, die Mütter besorgten und füllten große Zuckertüten, die Omas und Tanten kleine. So wurde uns der erste Schritt ins große Leben sehr versüßt. Bei den Mädchen schaute meist neugierig eine Puppe oben aus der Tüte, drinnen fanden viele Kinder ihren ersten Wecker, einen großen roten oder grünen, mit Schellen, der schrecklich laut tickte, sodass wir anfangs kaum darüber einschlafen konnten.

Jetzt bin ich ein Schulkind!

Schulbuben.

Manche bekamen Tischstiftspitzer, die wir mit der Schraubzwinge an unseren neuen Schreibtischen befestigen und in die wir die Stifte einspannen konnten, um sie mittels Kurbel in Form zu bringen. Da machte das Stifte-Spitzen einfach Spaß! In der Zuckertüte gab es jede Menge bunte Probestücke. Und natürlich Bonbons, Flaschen mit süßen harten Liebesperlen, Gummitiere – so viel, dass wir den Süßkram in unsere Schubladen und Schränke packten, bis die Ameisen sich darüber hermachten und Mutti all die Leckereien im Mülleimer verschwinden ließ.

Das war das Ende des süßen Anfangs. Danach begann der bittere Ernst des Stillsitzens, Hausaufgabenmachens, Schreibens, Lesens, der Pioniertücher und der Morgenappelle. Sogar an Samstagen ging es in die Schule.

Auf dem Schulhof der POS Julius Schaxel in Neulobeda.

SCHULSPIEGEL

1973/74

Nr. 1

der

Julius-Schaxel-Oberschule I

Jena-Neulobeda

Das Schulessen

Die Schulspeisung kam in großen Behältern und schmeckte meist so lala. Die Makkaroni wurden vom Block gestochen, mit einer Scheibe Jägerschnitzel belegt und mit Tomatensoße bekleckst. Das konnte man essen. Lecker war die Thüringer Bratwurst, die es manchmal gab; wir schmierten den Kartoffelbrei dick auf die Wurstscheiben und pappten etwas Sauerkraut oben drauf. Noch leckerer waren die Eierkuchen mit Zucker und Apfelmus. Das Gemeine: Wir bekamen sie immer erst dann, wenn wir die scheußliche Vorsuppe aufgegessen hatten und zum Beweis mit dem leeren Teller zur Essenausgabe gingen. Manche von uns waren verschlagen genug, um in der großen Pause schnell zum Konsum oder zum Bäcker zu laufen, frische Brötchen für fünf Pfennig das Stück zu holen und sie mit einer akzeptablen Gewinnspanne weiterzuverkaufen.

Süße Brötchen

Wir stellten uns preiswert süße Brötchen her, indem wir das Weiche etwas herauspulten und Vanillezucker, den es in Tütchen gab, in die Brötchen streuten. Das machte vor allem die süchtig, die Vanillin schon zeitig über die Flaschenmilch zu trinken bekommen hatten. Von zu Hause bekamen wir meist nur eine Stulle mit, das heißt eine Schnitte in der Brotbüchse und dazu einen Apfel oder eine Möhre. Brötchen gab es eher am Wochenende, am Sonntag dann aufgebacken. Und das, was davon übrig blieb, zerschnitt Mutti und packte es fürs sonntägliche Mittagessen in die Thüringer Klöße.

„Ich verspreche, ein guter Jungpionier zu sein.
Ich will nach den Geboten der Jungpioniere handeln."

Das Pioniersein

Montags hatten wir wieder Dienst. Von Anfang an. Als Tischdienst wischten wir die Tische ab, als Tafeldienst die Tafel. Als Milchdienst bestellten wir die Milch und holten sie aus dem Keller, wohin sie geliefert wurde. Als Meldedienst hatten wir vor jeder Schulstunde mit dem Pioniergruß dem Lehrer zu melden: „Herr Müllermeierschulze, ich melde, die Klasse ist zum Unterricht bereit. Michael und Birgit sind krank." Wenn wir das gut machten und fleißig Altstoffe sammelten, durften wir in den Gruppenrat, als Agitator, als Schriftführer, als Gruppenratsvorsitzender oder als Stellvertreter.
Unsere blauen Halstücher hatten wir im Haus der Pioniere bekommen und nun trugen wir sie zu allen

„WIR JUNGPIONIERE lernen fleißig, sind ordentlich und diszipliniert."

festlichen Anlässen. Wir sangen Pionier- und Heimatlieder, veranstalteten Pioniernachmittage und folgten, so gut wir konnten, den Geboten der Jungpioniere. So erwiesen wir zum Internationalen Frauentag unseren Müttern die Ehre mit Selbstgebasteltem und den Frauen der Patenbrigade – bei Schott oder Zeiss oder beim Geflügelhof Schorba – mit Liedern und Blumen.

Nachmittags

Wir besuchten AGs nach unseren Interessen, waren Junge Naturführer oder Junge Stadtführer, Junge Philatelisten oder in der AG Schach. Manche von uns gingen auch in die Christenlehre und später in die Junge Gemeinde. Die meisten machten ihre Abzeichen und ihre Hausaufgaben, gingen in den Hort, in die Ferienspiele und in die Volkskunstschule. Wir hatten Unterricht im Schulgarten, in Werken und in Nadelarbeit. Wir bastelten Wandzeitungen zum Vietnamkrieg, zum lebensnotwendigen Wasser und zum Schutz der Erde. Wir falteten Kraniche für den Frieden und ließen unsere Mütter Kuchen backen, deren Stücke wir verkauften, um das Geld für einen guten Zweck zu spenden.

Unsere Kosmonauten

Gefeiert wurden sie, unserer sozialistischen Helden im All. Und weil Zeiss auf Wunderwerke wie Multispektralkameras und Jena außerdem auf eine schöne Landschaft und auf eine respektable Universität verweisen konnte, kamen die Stars auch mal zu Besuch. Die Stadt klebte voller Plakate. Auf dem Landgrafen steckte man zusätzliche Nadelbäume in die Erde, um den Wald für die Fotosession besonders üppig dastehen zu lassen; die sichtbaren Fassaden in den zu durchfahrenden Straßen wurden neu gestrichen und die Pioniere zusammengetrommelt.

Als Erster kam Juri Gagarin, der erste Mensch im Weltall: Am 18. Oktober 1963 besuchte er Jena und wurde begeistert empfangen.

Am 18. Januar 1976 kam der sowjetische Kosmonaut Dr. Witali Sewastianow, am 14. Oktober desselben Jahres empfingen wir die Kosmonauten Bykowski und Axjonow.

Sigmund Jähn

Sigmund Jähn, den deutschen Weltraumstar, bejubelten wir am 24. September 1978. Er und Waleri Bykowski wurden wieder von 10 000 Einwohnern begrüßt. Die Schnellstraße war gesperrt und zu beiden Seiten standen – Winkelemente schwenkend – die Pioniere, die FDJler und die Soldaten der NVA. Wir waren mit der ganzen Schulklasse dort und mussten ziemlich lange warten, bis die beiden endlich kamen. Eine große offene Staatskarosse fuhr die Straße entlang, in der unser Held stand und die Menge grüßte. Viele von uns waren enttäuscht, weil Sigmund Jähn keinen Kosmonautenanzug, sondern eine Armeeuniform trug. Die Eltern, die in den Betrieben, die er besuchte, arbeiteten, bekamen Poster und Autogramme und brachten sie ihren stolzen Kindern und auch Enkeln mit nach Hause. Manche klebten jahrelang an den Wänden unserer Kinderzimmer und fielen erst späteren Maler- und Renovierungsarbeiten zum Opfer.

Siegreiche Sportler Jenas

Petra Felke (*1959 in Saalfeld, verh. Meier) entwickelt sich bereits auf der KJS an der Seite von Ruth Fuchs zu einer Weltklasse-Speerwerferin. 1975 wird sie Spartakiadesiegerin, 1977 Vizeeuropameisterin bei den Junioren und in den Achtzigern wirft sie Weltrekorde.
Marlies Göhr (*1958 in Gera, geb. Ölsner) gehört zwischen 1976 und 1988 zu den schnellsten 100-Meter-Sprinterinnen der Welt. Als erste Frau der Welt läuft sie 1977 die 100 m voll-automatisch gestoppt unter elf Sekunden. Mit der 4x100-Meter-Staffel gewinnt sie zweimal die olympische Goldmedaille.
Andreas Schröder (*1960 in Jena) beginnt als Dreizehnjähriger mit dem Ringen, wird 1975 Spartakiade-Zweiter, 1977 und 1979 DDR-Juniorenmeister und beginnt in den Achtzigern seine Weltmeisterlaufbahn. Er gewinnt etliche Medaillen.
Renate Stecher (*1950 in Süptitz, geb. Meißner) besucht 1964 bis 1969 das Internat des SC Motor Jena in Bad Blankenburg, ehe sie 1969 als Sportlerin nach Jena kommt. Die Leichtathletin startet in den 1970er Jahren als eine der weltbesten Sprinterinnen für die DDR. Sie wird dreifache Olympiasiegerin und gewinnt als einzige deutsche Sportlerin sechs olympische Medaillen. Außerdem ist sie die erste Frau, die die 100 Meter handgestoppt unter elf Sekunden läuft. Von 1970 bis 1976 erringt sie insgesamt 24 Weltrekorde.

1966 in Odessa die weltschnellste Staffel: Renate Meißner, Bärbel Schrickel und Brigitte Geyer.

Von Rittern und Burgen

Derweil die jüngeren Kinder noch die vielbebilderten Bummi- und Atze-Heftchen anschauten, vollkritzelten und zerschnitten, waren wir Größeren – schließlich schon lesende Grundschüler – längst mit den Mosaikhelden, den Digedags, beschäftigt. Und während es unsere Comic-Stars in Ritter Runkels mittelalterliche Burg verschlug, holten wir uns Ritter Runkels Welt in unseren Sommer. Anstatt über lästigen Schularbeiten zu brüten, warfen wir die Taschen in die Ecke und verkrochen uns stundenlang im Keller. Dort hämmerten wir die Füllungen aus alten Türrahmen und bauten, feilten, lackierten uns nach den literarischen Vorbildern die Schilde zurecht, die die aus Stöcken gezimmerten Schwerter abhalten sollten. Fertig gerüstet zogen wir Runkelritter zu Jena in den Kampf. Im Wäldchen unterhalb des Landgrafen entstanden neben einigen feindlichen unsere stolzen Burgen, die wir mit mutigem Herzen verteidigten.

Die Lobdeburg bot unseren Spielen eine erstklassige Kulisse.

Geheim und verboten

In unsere „geheimen“ Baumhäuser brachten wir, was wir zu Hause finden und entwenden konnten: Decken, Bretter, Nägel, kleine Schätze und natürlich – wenn man dazu kam – Streichhölzer. So ein kleines Feuer hatte nämlich – vor allem, weil es uns verboten wurde und die Erwachsenen immer besonders verantwortungsvoll werden ließ – seinen besonderen Reiz. Wenn wir richtigen Nervenkitzel brauchten und uns eine der feindlichen Baumburgen gar zu sehr störte, gingen wir zum Angriff über und fackelten den gegnerischen Hochsitz einfach ab.

Hauptsache Unsinn!

Wir gingen allerdings nicht ausschließlich in unser Wäldchen, wir spannten auch – zum Leidwesen der kinderlosen Hausbewohner – Stricke durch den Garten, um Decken, Laken und Tücher kunstvoll zu großen Zeltlagern zu drapieren, in denen wir stundenlang hausten und Unsinn ausheckten. Zum Beispiel planten wir so verschanzt die nächste Seifenkistenrallye. Aus Kinderwagenuntergestellen und jeder Menge Brettern zimmerten wir traktorähnliche, stomlinienunförmige, aber spektakuläre Modelle, die bemalt oder naturbelassen die Hänge hinuntersausten, bis nur noch Sperrmüll übrig blieb. Wer clever war, brachte die Reste bei der nächsten Sammelaktion gleich mit zum Rumpelmännchen. So bekam man für Papier, Lumpen, Flaschen und Sperrholz zum vorbildlichen Stempel in den Pionierausweis gleich noch ein paar Groschen.

Die haben es doch faustdick hinter den Ohren!

Und wenn das Wetter nicht wollte, dass wir draußen Unfug trieben, verkrochen wir uns bei der Oma im Haus. Dort gab es riesige Schränke voll mit Kleidungsstücken und wir wühlten darin und steckten uns in die lustigsten Kombinationen. Dann gab es eine große, laute Modenschau.

Lausbuben

Wenn es im Sommer regnete, liefen wir Kinder raus auf die Straße und ließen uns nassregnen. Wir sprangen in die Pfützen und lieferten uns Schlammschlachten. Auch dann, wenn Wassermassen die Sonnenberge heruntergekommen waren und wüste Straßen hinterlassen hatten, dachten wir an nichts Schlimmes, ließen den Eltern ihre Sorgen und patschten im Dreck, bis wir klatschnass nach Hause gingen. An besonders heißen Tagen liebten wir das Wasser noch mehr. Einmal verwickelten wir die halbe Beethovenstraße in eine Wasserschlacht, die so anziehend war, dass Studenten aus den Häusern liefen, mit Wassereimern in der Hand, und uns, die wir mit Schläuchen bewaffnet waren, attackierten. Was sollte man auch sonst tun bei 32 °C?

A-Zerlatschen

Wir spielten Verstecken und „A-Zerlatschen“, wir kletterten über die Gartenzäune und holten uns Kirschen, Erdbeeren, Stachelbeeren, bis die Besitzer es merkten und schimpfend hinter uns her rannten. Wir liefen auf die Cospedaer Schlachtfelder und versteckten uns im Panzerunterstand, bis der wachhabende russische Soldat kam. Hatten wir anfangs noch Angst vor ihm, liefen wir später extra hoch, um russische Abzeichen oder Brot aus der Dose zu duckeln. Heimlich rissen manche von uns die Aktseiten aus dem „Magazin“ der Eltern, um eine der begehrten russischen Münzen zu ergattern. Auwei, wenn Mutti das bemerkte! Dann fühlte man sich wie der Mops in der Küche.

Wir sammelten um die Wette leere KK-Patronenhülsen, die wir in Beuteln und Eimern in den Garagen deponierten. Wir holten uns heimlich Vaters Luftgewehr, einen Durchlader, und schossen mit dem Nachbarn, der einen Knicker besaß, um die Wette auf die fette Wohngebietskatze. Wir fingen Blindschleichen, als es von denen unzählbar viele gab. Und wir bauten Bomben – Stinkbomben mit Plaste und solche mit Salpetersalz und Zucker, die wir zwischen die Fackeln der FDJler warfen und im Wegrennen über unser Feuerwerk jubelten.
Wir warfen Steinchen an die Fenster des Studentenwohnheims in der Griesbachstraße, um die Mädels zu ärgern. Eine hörte uns mal nicht, sodass wir ein größeres Steinchen nehmen mussten. Leider hielt das aber die Fensterscheibe dann nicht mehr aus. Wir hatten jedenfalls jede Menge Spaß und jede Menge Ärger. Aber wir waren oft clever oder einfach nur schnell genug. Und wir genossen die Freiheit der Narren.

Schnappschuss.

Fehlschuss.

Spielen

Bei Stede im Spielwarenladen holten wir uns Appetit auf das, was uns unsere Eltern manchmal kauften oder kaufen ließen. Eisenbahn und Eisenbahnzubehör – darauf waren die Väter und die Kinder scharf. Wir hatten auf große Platten Landschaften gebaut: untertunnelte Hügel, spiegelnde Seen und idyllische Dörfer an entlegenen Straßen und an Bahnhöfen. Manchmal klebten wir kleine Autos oder Familien auf Straßen bzw. Wiesen und freuten uns über die beständig sich erweiternde Fläche. Die elektrischen Bahnen schossen auf Bahngleisen der Größe H durch unsere Miniatur-

Schachmatt oder Remis?

welt und wir stellten die Weichen. Wir verhinderten Zusammenstöße und hoben die Entgleisten zurück auf die Schienen.
Spielten wir nicht mir der Eisenbahn, spielten wir andere Familienspiele: Rommee und Maumau, „Mensch ärgere dich nicht“, Halma und Dame, Mühle und Schach. Im Garten und auf der Straße spielten wir Federball und Tischtennis, auf dem Schulhof Hüpfegummi, Abklatschen oder einfach nur mit dem Ball.

Fernsehen

1965 besaß fast jede zweite Familie einen Fernseher, zwei Jahre später kamen die ersten Farbfernsehgeräte auf den Markt, mit denen man anfangs vielerorts nur die Programme von DDR1 und DDR2 sehen konnte. Das Abendritual endete mit dem Sandmännchen, das uns nach und nach mit Meister Nadelöhr, mit Pittiplatsch und Schnatterinchen, mit Herrn Fuchs und Frau Elster bekannt machte, ehe wir ins Bett gehen mussten. Sonntags wurde vorher gebadet – erst die Kinder, dann Mama und zum Schluss der Vater. Sonntagnachmittag gab es meist einen DEFA-Märchenfilm. In der Woche „Alles Trick“, „Lolek und Bolek“ oder „Hase und Wolf“. – Nu Pakadi!, riefen wir uns sogar auf dem Schulhof zu: Na warte!
Später, als wir älter waren und westlicheren Empfang genossen, sahen wir den „Beat Club“ und die moderierende Architekturstudentin Uschi Nerke.

Zwei sichtbare Freizeitkästen:
Der Fernseher und ein Aquarium.

Kinder- und Jugendbücher

Peter Abraham: Das Schulgespenst
Horst Beseler: Käuzchen Kuhle
Ottokar Domma (Otto Häuser): Der brave Schüler Ottokar
Peter Hacks: Der Flohmarkt; Das Turmverlies u. a.
Christoph Hein: Das Wildpferd unterm Kachelofen
Ingeborg Feustel: Tuppi Schleife; Ein Teufel namens Fidibus
Ilse und Vilmos Korn: Mohr und die Raben von London
Ulrich Plenzdorf: Die neuen Leiden des jungen W.
Benno Pludra: Bootsmann auf der Scholle
Helmut Sakowski: Wie brate ich eine Maus
Erwin Strittmatter: Pony Pedro; Tinko
Wladimir Sutejew: Lustige Gesellen
Hertha Vogel-Voll: Die silberne Brücke; Das blaue Wunder
Alfred Wellm: Karlchen Duckdich
Elisabeth Welskopf-Henrich: Die Söhne der großen Bärin
Alexander Wolkow: Der Zauberer der Smaragdenstadt; Die sieben unterirdischen Könige

Ferdinand die Ameise

Grimms Hausmärchen waren der Standard und Dr. Heinrich Hoffmanns Geschichten schienen – neben denen von Wilhelm Busch – eine beliebte Erziehungslektüre gewesen zu sein.
Wir jedenfalls liebten „Ferdinand die Ameise" mit den vielen Bildern und den lustigen Geschichten. Wir liefen zu Omas und Tanten, die uns vorlesen mussten oder krochen am Wochenende unter die Bettdecke der Eltern und bettelten um eine Episode.
Hatten die Eltern keine Zeit, hörten wir Märchenschallplatten, bis wir sie auswendig konnten. Oder auch die „Fromme Helene" von Wilhelm Busch. An manchem verregneten Nachmittag setzte sich die Familie vor den knisternden Plattenspieler, Mutti stellte ein Glas mit Salzstangen oder Erdnussflips daneben und Vati legte die Platte von Rolf Herricht und Hans Joachim Preil auf. Da hatten wir alle was zu lachen!

Bücherfresser

Die, die schon selbst lesen konnten, verschlangen meist Karl Mays Wildwestromane oder die wundersamen Reisen des Marco Polo. Bücher, die es im Osten nicht gab, bekamen wir von Freunden und Verwandten aus dem Westen. Sie schrieben ihre Namen auf eine der ersten Seiten und tarnten dadurch das Geschenk als Leihgabe. Selbst Mark Twain las man – Tom Sawyer und Huckleberry Finn war sogar Schullektüre – und Jules Verne. Gerhard Holtz-Baumerts Alfons Zitterbacke-Bände, die 1958 und 1962 erschienen, waren uns Jenaern auch deswegen nahe, weil für die Verfilmung von 1966 Jenas Straßen und Plätze Teile der Kulisse waren.

Im Herbst

Wir sammelten Kastanien und Eicheln. Es gab im Damen- und Westviertel jede Menge davon und der Förster, an dessen viele Dackel wir heimlich unsere Schulbrote verfütterten, nahm uns die Früchte für die Waldtiere gerne ab. Es gab ein paar Groschen dafür und für jeden Groschen konnte man sich im kleinen Konsum gegenüber der Nordschule eine leckere Lakritzstange kaufen. Also bemühten wir uns um möglichst große Portionen – sowohl für die Wildschweine als auch für uns – und „rettelten" die Bäume leer. Reihum durfte jeder den Rettel einmal in die Kronen werfen und dann sammelten alle anwesenden Kinder die heruntergefallenen Früchte. Besonders lustig und ergiebig wurde es, wenn einer besonders gut werfen konnte. Allerdings sahen die Straßen hinterher aus wie nach einem Unwetter. Überall Äste und Laub. Nur die Kastanien waren verschwunden.

Holzkohle

Im Herbst kamen mit den bunten Blättern auch die schwarzen Kohlen. Anfangs mit dem Pferdefuhrwerk, später mit dem Auto. Wir standen jedes Mal beeindruckt vor den kräftigen, verdreckten und verschwitzten Männern, die die derben Leinensäcke voller Kohle Zentner um Zentner in unseren Keller trugen. Dort wurden sie ausgeschüttet,

Chronik

20. September 1968
Arbeiter finden beim Bau des Heizkraftwerks in Jena-Winzerla einen Wollhaar-Nashornschädel.

4. Mai 1969
Zum letzten Mal rollt eine Straßenbahn ins „Mühltal". Ab dem Folgetag befährt die Buslinie 16 die Strecke von Neu-Lobeda über die Stadtmitte bis ins Westviertel.

14. Juni 1969
Ein halbstündiges Unwetter richtet 300 000 Mark Schaden an: Wassermassen schießen ins Tal, überfluten Gehwege, Straßen und Keller.

3. November 1969
Die Fernsehstation auf dem Landgrafen nimmt ihren Betrieb auf.

1. Dezember 1969
Kälterekord in Jena mit -20,5 °C.

31. Dezember 1969
Jena hat 88 130 Einwohner.

15. August 1970
Anlässlich der offiziell vorgenommenen Meisterschaftseröffnung 1970/1971 in Jena erhält Roland Ducke die Auszeichnung als „Fußballer des Jahres" und bekommt dafür den von der „Neuen Fußballwoche" (FuWo) gestifteten „Silbernen Fußballschuh".

7. Oktober 1971
Zum Tag der Republik erfolgt die Neueröffnung des „Palast-Theaters" mit einem 70-mm-Film.

20. Dezember 1971
An der Stelle des 1945 zerstörten Kirsten'schen Hauses öffnet Unterm Markt der Gardinenpavillon die Pforten für seine Kunden.

Arbeit und Wärme für die ganze Familie.

damit wir die kleineren Stücke in den Keller schaufeln, die größeren Briketts stapeln konnten. Und dann hatte der Vater oder ein großer Bruder jeden Morgen vor dem Aufstehen den Ofen anzufeuern, damit die Kinder nicht durch die eiskalte Wohnung flitzen mussten.

Im Winter

Hatte es geschneit, packten wir uns in Pullover, Schals und Mützen, die eine Oma oder Tante aus der Wolle alter aufgetrennter Pullover gestrickt hatte, und stapften zu unseren Hügeln, von denen es in und um Jena glücklicherweise jede Menge gibt, und fuhren stundenlang den Schnee zu Eis. Es gab Pisten für alle Altersstufen und Schwierigkeitsgrade für jeden Mut. Nicht selten bauten wir Unfälle, brachen uns ein Bein, splitterten den Ellbogen oder fuhren geradewegs und ungebremst in den Weidezaun. Es kam vor, dass eine Mutter zwei Wochen zu Hause bleiben und Heimarbeit erledigen musste, weil ihre beiden Kinder kurz nacheinander auf einer Piste verunfallt waren. Sie beaufsichtigte dann eine frühe Form von Ergotherapie à la Aschenputtel, die die Finger wieder beweglich machen sollte, indem man nämlich eine Tüte Tempolinsen Linse für Linse vom Töpfchen ins Töpfchen legte.

Blick vom Landgrafen nach Norden über den Reinholdweg.

Schneeweiß

Der Schnee reichte im Allgemeinen aus, um ganze Schneefamilien zu bauen und einen Schneehund dazu. Manchmal schafften wir größeren Kinder es auch, ein Iglu zu errichten, an dem wir oft viele Tage unsere Freude hatten. Wir zwängten uns durch Fensteröffnungen und spielten die Südpolexpedition frei nach Jules Verne.

Weihnachtsbäckerei

Winterzeit war auch Stollenzeit. Zu Hause in der Küche wurden pfundweise die Zutaten zusammengeschüttet, Mutter und die Schwestern und

Schneemann bau'n und Schneeballschlacht.

Schnee, Schnee, Schnee!

die Brüder kneteten und kneteten, bis endlich ein Riesenbatzen Teig in den Wäschekorb gepackt und auf den Schlitten gestellt werden konnte. Dann ging es unter viel Gejohle bergab Richtung Bäckerei Ebertstraße. Der gemütliche Mann nahm den Teig entgegen und wog vor unseren Augen die Mengen für die einzelnen Laiber ab. Wir hatten zu Hause kleine Holzschildchen vorbereitet, in die wir mit einer heißen Nadel umsichtig unseren Familiennamen gebrannt hatten. Niemand sollte unseren Stollen mit seinem verwechseln können. Erwartungsvoll zogen wir heim, mit dem Versprechen des Bäckers und der Vorfreude, am kom-

Das gibt aber noch keinen „goldenen Schneeschuh"!

menden Tag die fertig gebackenen Weihnachtsstollen abholen zu dürfen. Waren die Kuchen erst zu Hause, kamen sie, sorgsam zwischen Bettlaken gelegt, auf den Kleiderschrank. Um die Weihnachtszeit und bis weit ins Frühjahr hinein gab es nun davon zu essen.

In der Weihnachtszeit

Auch im Advent lag fast immer Schnee und immer waren wir in großer Erwartung. Heiligabend polterte und schimpfte es im verschlossenen Wohnzimmer, bis die ganze Familie vor der Tür stand, die die Mutter schließlich öffnete und wir Kinder mit offenen Mündern auf den geschmückten Baum und die Geschenke starrten. Keiner fragte sich, wie denn der Weihnachtsmann das Fenster, aus dem er soeben erst entwischt sein soll, von außen geschlossen haben konnte. Denn jeder bekam sein Geschenk, – selbst wenn das Geld knapp war, sparte man für die Kinder eines zusammen. Die Mädchen freuten sich über Puppen und Puppenwagen, die Jungen über Holztraktoren mit Anhängern, über einen Ankersteinbaukasten oder Forts mit Indianern und Pferden aus tonähnlichem Material. Nach den Festtagen wurde das neue Spielzeug zu dem bereits vorhandenen in das Dachschrägenkämmerlein gleich neben dem Schlafzimmer der Eltern gebracht. Dort gab es eine dreieckige Tapetentür, durch die wir krochen und herausholten, wonach uns war.

Eine silberne Lamettawelt.

1968-1972 – ein neues Stadtzentrum entsteht

Seit 1962 gibt es im VEB Carl Zeiss Jena Überlegungen, die betriebseigenen Bauten im Stadtzentrum zu erweitern. Neben dem Zeiss-Forschungshochhaus, dem „Bau 59" am Leutragraben, soll ein großflächiger Gebäudekomplex für Arbeit, Verwaltung und Kultur entstehen. 1968 diskutiert man kontrovers die Entwürfe und beschließt im Ministerrat der DDR, Jena zu einem sozialistischen Zentrum der Großforschung und Großproduktion auszubauen und zu diesem Zweck Teile der historischen Innenstadt um den Eichplatz abzureißen.
Zuerst müssen 43 Gewerbetreibende umgesetzt und 204 Wohnungen geräumt werden. 154 Neubauwohnungen in Lobeda werden bereitgestellt, 50 Familien ziehen in Altbauten. Geschäfte werden aufgelöst, übernommen oder mit anderen zusammengelegt, so zum Beispiel im hinter der Kirche entstehenden Schuhgeschäft.
Das Sortiment von „Rauch und Reben" geht über in den HO-Bestand, die Bäckerei Reinhardt zieht nach Zwätzen und das Kunstgewerbegeschäft Kuhn in das Möbelhaus Dülm am Teichgraben. Der Spielwarenladen Stede bekommt das frei gewordene Schuhgeschäft am Steinweg.

Großraumverkaufsstelle

Die Bürger fragen sich, ob die Wärme und der individuelle Charakter der kleinen Läden nicht den Erhalt der Innenstadt rechtfertigen würde. Entgegnet wird ihnen, kleine Läden seien überholte Relikte der Vergangenheit. Allein wegen des beständig wachsenden Sortiments gehöre der Großraumverkaufsstelle die Zukunft. Die Einwohner der Stadt sehen den Veränderungen mit Skepsis entgegen.

Abriss

Die „Greiseltaler", das Sprengkommando des Braunkohlekombinats, lassen es erstmals am Mittwoch, dem 16. Juli 1969, an der Ecke Leutrastraße/Brüdergasse knallen. Von nun an wird täglich zwischen 13.30 Uhr und 14.30 Uhr gesprengt. Den Sprengungen folgen große Staubwolken. Während der Maßnahmen sind die Zufahrtsstraßen gesperrt, die Anwohner erhalten Merkblätter mit Verhaltensregeln und Sicherheitshinweisen. An alle Eltern in Jena ergeht über die Medien die dringende Bitte: Keine Kinder in den Sprengbereich! Einige Fachwerkhäuser, die dicht an Gebäuden stehen, welche erhalten bleiben sollen, werden nicht gesprengt, sondern abgerissen. Manches alte Haus leistet enormen Widerstand und die Holzbalken bleiben wie Skelette stehen. Doch man lässt

Bergepanzer der sowjetischen Kommandantur den Planierraupen zu Hilfe kommen. Seile werden um das Fachwerk gebunden und die Panzer ziehen das Bestehende einfach um.
Das gesamte Abbruchgebiet ist in Bauabschnitte eingeteilt und an den Seiten der Straßen werden Schutzkorridore errichtet. An Beräumungstagen werden die insgesamt etwa 50 000 Tonnen Schutt im Drei-Schicht-System und unter erheblichem Lärm in eine Niederung der Saale abtransportiert.

Richtfest

Bis 1976 sollen 5200 neue Wohnungen, gesellschaftliche Bauten und Versorgungseinrichtungen das künftige Bild des Stadtzentrums bestimmen, dessen zentralen Punkt das neue Forschungshochhaus einnehmen soll. Der erste Spatenstich wird am 3. Oktober 1969 getätigt, um den 28-geschossigen, mit zwei Kelleretagen versehenen Turm auf einem runden Fundament in Gleitbauweise und innerhalb kürzester Zeit zu errichten. Es werden 36 000 Kubikmeter Bodenmasse bewegt, 300 Tonnen Stahl und 3500 Kubikmeter Beton sowie Stahlbeton verarbeitet. Am 10. September 1970 wird auf dem Rohbau das Richtfest gefeiert.
1972 wird das Forschungshochhaus des VEB CZJ der Universität übergeben, an die 240 000 Bücher werden in die Magazine,

Das Fundament des zukünftigen Hochhauses auf dem „Zentralen Platz“.

Der „FNB 71“ – im Volksmund „Forschersilo“, „Denkertonne“, „Keksrolle“, „Penis Jenensis“ und „Uhaha.“

Blick über die Dächer zum Rathaus und dem halben Uni-Turm.

Fachlesesäle und in die Etagen der Sektionen gebracht. Durch den Umzug können etliche Altbauten anderen Nutzern zugeführt werden.
Nach dem Einzug der Buchhandlung und des Cafés „Orchidee" in den Turmsockel erhält der „Zentrale Platz" 1977 seine vorerst endgültige Gestalt. Sie wird durch Anlagen mit Blumenbeeten, Sträuchern und Bäumen sowie Bänken und Brunnen geprägt. Die alten Bürgerhäuser in der Johannisstraße werden erneuert und restauriert.

Ferien in Jena

Jena lädt zum Wandern in die Berge und Täler der Gegend ein. Auf die Lobdeburg und auf die Kunitzburg, auf den Fuchsturm und auf den Jenzig, zum Fürstenbrunnen, zu den Orchideen oder in die Teufelslöcher. Also wanderten wir oft. Aber nicht nur das. Wir fuhren auch ins Naherholungszentrum an den Porstendorfer See, an den Schleichersee oder zum Eisessen nach Bürgel. Manchmal mit dem Bus, zumeist jedoch mit den Fahrrädern. Und wenn wir den langen bergigen Weg endlich hinter uns hatten, war das Eis wirklich verdient!

Kleine Fluchten

Aber auch weniger stellte uns zufrieden. Im Sommer Ende der 70er Jahre fuhren wir manchmal – wenn das Wetter gut war und der eigene Garten mal nicht ausreichte – mit Mutti, Tante, Cousin und Cousine ins Stadtzentrum. Der Bus hielt damals am Teichgraben, von wo aus es nicht weit bis zum Botanischen Garten war, in dem wir oft mehrere Stunden zubrachten, meist ein kleines Picknick auf einer der versteckten Bänke aufschlugen und die Pflanzen der Tropenhäuser bewunderten.

Auf dem Rückweg hielten wir oft in der Johannisstraße, wo Hutschenreuter Softeis verkaufte – das beste und beinahe einzige der Stadt. Meist mussten wir uns anstellen, ehe wir unsere Waffeln in die Hand gedrückt bekamen, immer in doppelter Lage, denn die oblatenähnliche Konsistenz war schnell durchgeweicht und ließ die süße Soße an den Fingern kleben und auf die guten Nickis tropfen. Fast immer bekamen wir Schoko-Vanille-Flecken, manchmal auch die mit dem rosa Erdbeergeschmack. War das Eis aufgeschleckt, kletterten wir – während die Muttis auf den Bänken am zentralen Platz, dem „Kosmonautenplatz", saßen und sich unterhielten – auf den in den Sandkästen stehenden Steinsäulen umher. Wir übten uns im Herunterhopsen und bettelten, doch endlich rübergehen zu dürfen, zum Springbrunnen, wo die anderen Kinder längst badeten.

Einkehren und Ausgehen in Jena

In Jena gibt es 1966 drei Hotels, drei Fremdenheime und eine Jugendherberge, 17 Museen bzw. Gedenkstätten, zwei Lichtspieltheater und ein Schauspieltheater. Letzteres ist eine Außenstelle des Deutschen Nationaltheaters Weimar. Konzerte, zum Beispiel die des Sinfonieorchesters Jena, besucht man im Volkshaus. Essen gehen kann man in einer der fast 20 Speisegaststätten in der Stadt, einen Ausflug planen in eins der elf Lokale ringsum, für einen Plausch trifft man sich in einem der vier Cafés, in einer der beiden Milchbars oder in der Weinperle.

Brunnenplanschen

Zwischen dem Café „Orchidee", dessen Mokka-Bar unsere Eltern sehr schätzten, und der Thomas-Mann-Universitätsbuchhandlung hatte man 1978 einen 6 x 7 m-Brunnen des Jenaer Künstlers Detlef Reimer und des Magdeburger Kunstschlossers Josef Bdzock aufstellen lassen. Im Sommer sah man immer wieder halb oder ganz nackte Kinder darin herumspringen und sich am kühlen Nass erfreuen. Praktisch auch deswegen, weil wir uns gut vom klebrigen Resteis befreien konnten.

Pause im Stadtzentrum

Eine Mutti lief ganz gern, während die andere das Planschen beaufsichtigte, in die Buchhandlung und suchte nach einem Kinderbuchgeburtstagsgeschenk

Tropenklima im Saaletal.

Im Sommerurlaub früh in die Dünen am leeren Sandstrand der Ostsee.

oder besorgte für ein größeres Geschwister das bestellte Schulbuch oder für sich selbst eine aktuelle Modezeitschrift mit den neuesten Schnitten. Denn die Muttis nähten gern – fast jede hatte eine Nähmaschine zu Hause stehen – für uns nähten sie um und an und enger; – für sich selbst schneiderten sie, was man an todschickem Fummel sonst nicht zu kaufen bekam. Und so traf man sich gern am „Platz der Kosmonauten“: wir Kinder zum Eisessen, Spielen und Planschen, unsere Mütter zum Reden, Bücher-Gucken und Zeit-Genießen.

Zu Fuß ins Fuchsturm-Gartenlokal.

Mit dem Auto zur Wartburg nach Eisenach.

Du hast den Farbfilm vergessen, mein lieber Mann.

Ferienspiele und Ferienlager

Die meist vollzeitbeschäftigten Eltern hatten nie genug Urlaub, um uns durch die langen Ferien begleiten zu können. Und so wurden für uns Schulkinder in den dreiwöchigen Winter- und in den sechswöchigen Sommerferien Ferienspiele und Ferienlager angeboten. In den Ferienspielen bastelten und wanderten wir, machten Schnitzeljagden und Schneeballschlachten. Im Ferienlager liebten wir die Nachtwanderungen.

Wir machten das Abzeichen „Junger Tourist“, schätzten Entfernungen und Höhen, kletterten auf Bäume und Hänge oder liefen mit dem Kompass durch den Wald. Wir waren die ostdeutschen Pfadfinder und fit in punkto Erste Hilfe. Im Ferienlager saßen wir an langen Tischen, ertüchtigten unsere müden Körper beim Frühsport und trainierten

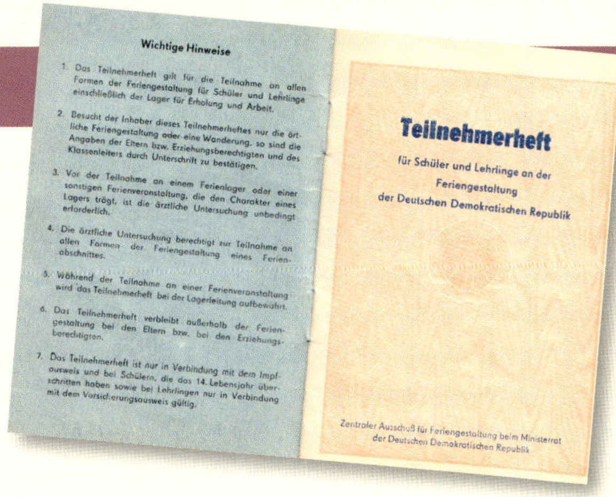

Wichtige Hinweise

1. Das Teilnehmerheft gilt für die Teilnahme an allen Formen der Feriengestaltung für Schüler und Lehrlinge einschließlich der Lager für Erholung und Arbeit.
2. Besucht der Inhaber dieses Teilnehmerheftes nur die örtliche Feriengestaltung oder eine Wanderung, so sind die Angaben der Eltern bzw. Erziehungsberechtigten und des Klassenleiters durch Unterschrift zu bestätigen.
3. Vor der Teilnahme an einem Ferienlager oder einer sonstigen Ferienveranstaltung, die den Charakter eines Lagers trägt, ist die ärztliche Untersuchung unbedingt erforderlich.
4. Die ärztliche Untersuchung berechtigt zur Teilnahme an allen Formen der Feriengestaltung eines Ferienabschnittes.
5. Während der Teilnahme an einer Ferienveranstaltung wird das Teilnehmerheft bei der Lagerleitung aufbewahrt.
6. Das Teilnehmerheft verbleibt außerhalb der Feriengestaltung bei den Eltern bzw. bei den Erziehungsberechtigten.
7. Das Teilnehmerheft ist nur in Verbindung mit dem Impfausweis und bei Schülern, die das 14. Lebensjahr überschritten haben sowie bei Lehrlingen nur in Verbindung mit dem Versicherungsausweis gültig.

Teilnehmerheft

für Schüler und Lehrlinge an der Feriengestaltung der Deutschen Demokratischen Republik

Zentraler Ausschuß für Feriengestaltung beim Ministerrat der Deutschen Demokratischen Republik

gruppenverträgliches Verhalten während der gewohnten Dienste. Aber im Grunde hatten wir immer viel Spaß. Herrlich waren die großen Lagerfeuer. Wir saßen schwatzend und singend im Kreis, mit ein oder zwei beklimperten Gitarren, wir wärmten uns die Nasen und hielten Ruten mit Würstchen und Knüppelbrot in die Glut, in der bereits die Kartoffeln gar wurden. „Flackerndes Feuer, Zelte, die träumen, ruhloser Nachtwind, fern in den Bäumen ...“

Junge Touristen.

Junge Naturforscher.

Ferien bei den Großeltern

Zwischen Meerrettich und Brennnesseln war der Hof der Großeltern immer braun. Daran waren die Hühner Schuld, die emsig scharrend und jeden Grashalm rupfend alles Wachsen zunichte machten. Mitten auf dem Hof stand ein Plumpsklo, das besonders im heißen Sommer fürchterlich stank. Und wenn jemand draufsaß, hörte und sah man das Ergebnis kurz darauf seinen Weg ins Freie und in die Güllerinne nehmen. Wasser gab es auf der halben Treppe – oder aber im nahe gelegenen Teich. Im Winter, wenn der dick zugefroren war, kam ein Pferdewagen, später war es ein motorisierter, und holte die Eisblöcke ab, die in die entsprechenden Lagerhöhlen transportiert wurden. Manchmal schlurfte an solchen Tagen einer der Dorfalten vorbei, meist zog er einen klapprigen Leiterwagen und brabbelte vor sich hin. Solche urigen Märchenfiguren faszinierten uns Kinder unheimlich.

Pflaumenkompott

Wir waren gern bei den Großeltern, die nicht weit weg von Jena wohnten. Obwohl wir viel im Garten mithalfen. Unkraut jäten. Blumen gießen. Mit Hühnerkot düngen. Ernten. Aussäen. Die Großmutter bekam nur eine winzige Rente, und um diese aufzubessern lagen in ihrem Garten – zwischen den Beerenbüschen und jenseits der Obstbäume – Beete voll mit Spargel, Meerrettich und großen Kürbissen. Einen Teil davon verkaufte sie oder tauschte sie ein, den anderen verwertete sie selbst. Da wurde gekocht und eingekocht und eingelagert. Der Keller war gefüllt mit Selbstangebautem. Und er roch danach, roch nach Feuchtigkeit und Staub, roch nach den Kartoffeln, dem Grundnahrungsmittel schlechthin, und wonach auch immer noch.

Ging man die Treppen hinunter, standen dort unzählige Gläser: eingelegte Birnen und Äpfel, Sau-

Modische Brillen und Haarschnitte.

Eine dufte Truppe.

erkirschen und das wunderbare Pflaumenkompott, das eigentlich Zwetschgenkompott heißen müsste, was aber niemand sagte. Pflaumenkompott ..., – das war das Beste nach dem Essen. Manchmal gab es auch Joghurt, festen mit Gelatine aus dem Becher oder aber den blubberigen aus der Flasche. Und wie der schmeckte!

Frische Brötchen

Wenn der Großvater, Bäckermeister in der Großbäckerei, am Abend nach der Arbeit nach Hause kam, warteten wir schon, denn er brachte frische Brötchen mit oder Hörnchen, die wir zum Nachtmahl erst in Leinöl und dann in Zucker tunkten und aßen. Wenn Opa aber nicht arbeiten musste und Zeit hatte, zog er uns manchmal mit dem Handwagen über die rumpelige Straße zum riesengroßen Garten, der in der Nähe des Bahnhofs lag. Dort fuhr einmal am Tag die Bahn. Pünktlich auf die Minute. Und wir stellten die Uhren.

Chronik

21. März 1972
Feierliche Einweihung der neuen Großbäckerei des Konsums im Stadtteil Jena-Zwätzen.

22. Dezember 1972
Im neuen Wohngebiet Lobeda-Ost wird die erste Kaufhalle eröffnet und damit die Versorgung der Einwohner merklich verbessert.

3.-18. Mai 1973
Die Jenaer Volkskunstschule, in der über 1100 Schüler unterrichtet werden, feiert ihr 25-jähriges Bestehen.

15. Juni 1973
Für die Werktätigen von Jena und Umgebung wird das Naherholungsgebiet „Rabeninsel" in Porstendorf eröffnet.

6.-9. Juli 1973
Mit einem Volksfest wird das 40-jährige Jubiläum der Siedlung Ringwiese gefeiert.

30. September 1973
Der durch Studenten der FSU renovierte „Fürstenbrunnen" wird feierlich eingeweiht.

31. Oktober 1973
Der Student und Autor Lutz Rathenow wird als Leiter des Arbeitskreises „Literatur und Lyrik" bestätigt. 1977 wird er – kurz vor seinem Diplom stehend – aus politischen Gründen exmatrikuliert.

17. Dezember 1973
Die Konsumgenossenschaft eröffnet in der Saalstraße ein Geschäft für kinderreiche Familien.

19. April 1974
Circa 3000 Jenaer beteiligten sich im Ernst-Abbe-Sportfeld am Lauf „Eile mit Meile".

Besuch aus dem Westen

Wenn die Verwandten nicht nur Pakete schickten, sondern alle halbe oder ganze Jahre auch zu Besuch kamen, war das immer etwas Besonderes. Die Cousins hatten viel zu erzählen, sie kamen aus dem wilden, aus dem fremden, aus dem unvorstellbaren, unerreichbaren, aus dem faszinierenden Westen. Sie sprachen anders, trugen andere Klamotten, besaßen andere Spielsachen, aßen anderes Essen. Aber sie waren im Grunde genau wie wir auch. Manchmal gingen wir mit dem Besuch aus dem Westen in einen Intershop und taten so, als würden wir eigentlich den anderen besuchen und gingen gerade ein wenig einkaufen. Dann wurden die weißen Trabbis zu knallroten VW-Käfern, die Wartburgs zu Porsche, Ferrari, Mercedes und die hellblaue Schwalbe zu einer dunkelgrünen Kawasaki.

Mutters weißer Trabant in der Johann-Griesbach-Straße, 1972.

Der knallrote, „kapitalistische" Käfer der Verwandtschaft, 1972.

Ein Familienausflug auf den Jenzig.

Im Sommer verabredete sich der Osten mit dem Westen am Balaton, und wir badeten, als wäre alles gut. Zwischendurch schrieben wir uns lange Briefe. So gab es zu den ausdrücklich erwünschten Brieffreundschaften der Kinder der sozialistischen Länder die geradeso geduldeten deutsch-deutschen. Und weil wir das wussten, entwickelten wir eine raffinierte Geheimsprache und grüßten zum Schluss in jedem Brief den gewissenhaften Genossen, der warscheinlich mitlesen musste.

Sport frei

Denksport für Schüler.

Körperkultur und Sport gehörten zu Jena, sowohl für die Erwachsenen als auch für die Kinder. 1964 gab es in Jena zwölf Betriebssportgemeinschaften und Sportgemeinschaften mit über 8000 aktiven Mitgliedern. Die größte war die BSG Motor Carl Zeiss Jena mit 2600 Sportlern. Bereits in der Schule wurde der reguläre Sport- und Schwimmunterricht mit etlichen Abzeichen motiviert und gefördert. In der Nordschule wurden an sonnigen Nachmittagen Schachbretter in Reihe auf den Schulhof gestellt und wir saßen stundenlang, bis der letzte Gegner matt gesetzt werden konnte. Die guten Spieler der Schach-AG fuhren an den Wochenenden auch immer mal zu Spielen auf die Dörfer der Umgebung. Nicht wenige blitzgescheite Schüler schlugen dabei so manchen alten Schachhasen.

Wir turnten am Reck und am Stufenbarren. Wir sprangen über Hürden und liefen über 100 Meter. Wir spielten Fußball und Federball. Im Winter ging es auf Skiern die Hügel hinab. Die Besten kamen zu Wettkämpfen, die Allerbesten in die Sportschule, um vor allem Leichtathletik und Fußball zu trainieren.

Geschicklichkeitstraining und Spaß für zu Hause.

Die ganz Sportlichen

URKUNDE
Nr. 4342
Thaldorf Heinz
WIRD DAS SPORTABZEICHEN
DER DEUTSCHEN DEMOKRATISCHEN REPUBLIK
BEREIT ZUR ARBEIT UND ZUR
VERTEIDIGUNG DER HEIMAT
IN
GOLD
VERLIEHEN
STAATLICHES KOMITEE
FÜR KÖRPERKULTUR UND SPORT
DATUM
14.09.81
VORSITZENDER
Bestell-Nr. 27a - VLV Berlin Ag 200/SpT 1600/68 V 7 7

Gold für Körperkultur und Sport.

Das Internat des Sportclubs Motor Jena befand sich in den 60er Jahren noch in Bad Blankenburg, ehe der Neubau in Jena nahe der Schnellstraße errichtet wurde. In Bad Blankenburg wurden die Kinder und Jugendlichen in spartanischen 2-, 3- und auch in 7-Bettzimmern untergebracht, deren Öfen sie in der kühlen Jahreszeit selbst beheizen mussten. Abends brachten sie die Kohleeimer in den Keller des Internats, morgens holte einer der Zimmerbewohner den vollen Eimer und machte Feuer. Um sechs Uhr tönte die Weck-Sirene durch das ganze Haus, dennoch mussten die Erzieher dem eindringlichen Ton hinterherlaufen, um die besonders Müden ans Aufstehen zu erinnern.

Fast wie in einem Ferienlager

Die Sportschüler kannten sich gut, – sie lebten und kämpften miteinander und gegeneinander und fühlten sich manchmal wie in einem großen Ferienlager, in dem man die 10-Uhr-Bettruhe gerne auch um eine halbe Stunde nach hinten verschob, weil doch der Kinofilm oder der neue Freund spannend genug war, um die Regeln zu brechen.
In einem der Waschräume auf der Etage konnten sie sich waschen, die Duschen waren im Keller, wo auch in der sogenannten Nähstube die Wettkampfsachen aufbewahrt, gewaschen und ausgebessert wurden. Die normalen Trainingssachen brachte man an einem wettkampffreien Wochenende heim zur Mutter. Nach Hause zu fahren, hieß für einige, lange im Zug zu sitzen, die Jungs von der NVA zu treffen und dabei viel Spaß zu haben.
Frühstück gab es im Speiseraum des Schulgebäudes, dann ging es zum Schulunterricht, dann zum Training. Manchmal ein-, meist aber zweimal am Tag. Die Fußballer gingen ab der 7. Klasse, die Leichtathleten ab der 5. Klasse auf die Sportschule, um ihre Fähigkeiten zu optimieren, um ein ideales Verhältnis zwischen dem Sport und dem Schulalltag auszubalancieren. Fast jedes Wochenende ging es zu Wettkämpfen, zu kleinen, die von Sportclubs ausgerichtet wurden, aber auch zu größeren wie der Jugend-, der Kreis- oder Bezirksspartakiade, wie zum Beispiel 1973 zu der nach Gera. Wer die landesinternen Leistungsnormen erfüllte, durfte zu den DDR-Meisterschaften, zu den Europameisterschaften und letztlich gar zu den Olympischen Spielen.
Nach der Sportschule ging es zum Studium in die Saalestadt. Die jungen Spitzensportler wohnten im Internat gegenüber der Kinderklinik in der Westbahnhofstraße. Studiert wurde in der Muskelkirche und trainiert im Stadion. Abends trafen sie sich manchmal im Klub der Intelligenz – um zu reden oder wegen einer Veranstaltung der Sportgemeinschaft.

Fußballer beim
FC Carl Zeiss Jena

Am 22. Februar 1962 gewinnt der SC Motor Jena im Ernst-Abbe-Stadion vor 20 000 Zuschauern das Europacupspiel gegen Leixos Porto mit 3:1, ein Jahr später wird die Mannschaft nach dem Sieg über SC Empor Rostock DDR-Fußballmeister. Am 20. Januar 1966 wird im Volkshaus der FC Carl Zeiss Jena gegründet, 1968 wird der FC im Ernst-Abbe-Stadion zum zweiten Mal DDR-Fußballmeister. 1972 verhilft der Sieg über Dynamo Dresden zum DDR-Pokal.

Peter Ducke (*1941 in Bencen) spielt bereits als 18-Jähriger mit dem FC Carl Zeiss Jena in der Oberliga und schießt bis 1977 in 352 Spielen 153 Tore.
Hans-Ullrich Grapenthin (*1943 in Stralsund) wird erst Fußballer und dann Torwart beim FC. Er spielt 306-mal in der Oberliga.
Harald Irmscher (*1946 in Oelsnitz) kommt 1968 nach Jena, mit dessen Mannschaft er 202 Oberligaspiele auf dem Platz ist.
Lothar Kurbjuweit (*1950 in Seerhausen) spielt ab 1970 299 seiner 357 Oberligaeinsätze mit Jena.
Peter Rock (*1941 in Rudolstadt) ist 15 Jahre lang Fußballer beim FC.
Konrad Weise (*1951 in Greiz) kommt 1966 zum FC Carl Zeiss Jena und schießt bis 1986 in 309 Oberligaspielen 17 Tore.

Der Volkseigene Betrieb Carl Zeiss Jena.

Produktive Arbeit – produktive Freizeit

Arbeit ist wichtig – zur Selbstverwirklichung, um eine Aufgabe zu haben, um sich und die Seinen versorgen und somit leben zu können. Zur Arbeit gehören Ordnung, Sauberkeit und Fleiß, das haben wir beizeiten gelernt. So saßen wir zum Teil bereits Anfang der 60er abends mit den Eltern am Tisch und nähten Knöpfe auf Pappkärtchen. Immer sechs Knöpfe auf ein Kärtchen, gerade und sauber, sonst gab es Tadel. Die Tante aus Paris hatte, da sie wusste, dass das Geld knapp war, diese kleine Quelle eröffnet. Sie schickte uns Päckchen mit Knöpfen, Zwirn und Kärtchen, die wir zusammennähen mussten und daraufhin zurückzuschicken hatten. Für den kompletten Karton gab es dann Geld. Von der Schule aus lernten wir Betriebe kennen und arbeiteten wochenweise im Rahmen von ESP und PA bei Zeiss oder Jenoptik.

ESP – Einführung in die sozialistische Produktion.

Vom Pfennig bis zur Mark

Offiziell für Geld arbeiten durften wir zwar erst ab dem 14. Geburtstag, aber es gab immer Gelegenheiten, um das Taschengeld oder die Haushaltskasse aufzubessern. Wir tapezierten für fünfzig Pfennig, gruben Gärten um für eine Mark und jäteten Unkraut auf Verhandlungsbasis. Manchmal ließ auch der Vati etwas springen, wenn man ihm half, sein großes Aquarium zu säubern oder irgendetwas zu zimmern.
Aber auch die Betriebe, die wir aus der Produktiven Arbeit kannten, stellten uns vor allem für Handlanger- und Routinetätigkeiten gerne an. Wir polierten sorgfältig Gläser oder verpackten Produktteile für den Export in dafür vorgesehene Kartons. Wir steckten irgendwelche Bauteile zusammen oder halfen auf den Feldern bei der Ernte oder bei der Aussaat. Während der Ferienspiele betreuten und beschäftigten wir, zum Beispiel auf dem „Stern“, die Kinder, deren Eltern arbeiten mussten. Wir strichen Bänke, malerten Zimmer oder putzten Fenster. Es gab an vielen Ecken und Enden etwas zu tun, für das nicht viel Geld zur Verfügung stand, aber doch genug, um uns fleißigen Schülern und Studenten einen kleinen Betrag auszuzahlen.

Die Laubsäge

Sinnvoll war es auch, wenn sich unsere Kenntnisse und Fertigkeiten in Handarbeit und Werken, die uns in der Schule beigebracht worden waren, bezahlt machten. Mit der Laubsäge ließ sich beispielsweise einiges anfangen, – so konnten wir Lettern verschiedener Schriftarten herstellen und für ein akzeptables Entgelt als Namenszüge verkaufen. Oder wir sägten Motive aus, die lackiert oder bemalt hübschen Wandschmuck abgaben. Gut brachte man auch mit der Zange aus Kupferdraht gebogene Ketten an den Mann oder besser: an die Frau; der Laden am Johannistor nahm gerne für ein paar Mark welche ab. Wir haben uns oder Bekannten und deren Bekannten auch Lederhosen, Miniröcke und modische Kleider genäht, wie wir sie in den Modezeitungen abgebildet fanden.

Vom Streichholz zum Turm

Aus unzähligen Streichhölzern ließen sich berühmte Bauwerke nachgestalten: das Brandenburger Tor, der schiefe Turm von Pisa, der Eiffelturm. Vor allem kapitalistische Motive fanden sich auch auf unseren Strickbildern wieder. Wir sammelten farbiges Silberpapier, vor allem von Berggoldpralinen,

Beim Bau des Tour Eiffel.

Das Brandenburger Tor en miniature im Garten vor unserem Haus.

und klebten uns bunte Bilder hinter eine Glasplatte. Die freien Stellen wurden mit schwarzem Nitrolack bepinselt, sodass die Spiegel- und Glitzereffekte im Bilderrahmen richtig viel hermachten. All das, was nicht zu haben war, was es außerhalb der Grenzen zu sehen gab, das interessierte uns im zunehmend kritischen Alter.

Piepmätze

Sehr beliebt war es auch, sich exotische Vögel zu halten und diese zu züchten. Wellensittiche, vor allem aber Kanarienvögel und Zebrafinken. Wir

Hier entsteht eine begehbare Vogelvoliere für die Zucht von Kanarienvögeln und Zebrafinken.

Chronik

6. März 1975
In Lobeda-West öffnet die Galerie der Freundschaft – sie zeigt die besten Zeichnungen, Keramiken, Plakate und Plastiken, welche von Jenaer Schülern angefertigt wurden.

August 1975
In Jena herrscht tropische Hitze! Sieben Tage hintereinander zeigt die Quecksilbersäule über 30 Grad Celsius. Danach tobt ein heftiges Gewitter, das im Stadtgebiet schwere Schäden anrichtet, den Stadtteil Lobeda jedoch verschont.

29. März 1976
Ein durch Leichtsinn verursachter Flächenbrand am Jenzig vernichtet 1,25 ha des Omorica-Fichtenbestandes. Der Brand hatte sich in Windeseile ausgedehnt und mehr als 2000 Bäume vernichtet.

1. April 1976
Die erste Straßenbahn Jenas fuhr 1901 zwischen der Stadtmitte und der Schubertsburg (Lichtenhain). Der Traditionswagen, Baujahr 1905, fährt anlässlich des 75-jährigen Jubiläums durch die Stadt.

25. Juli 1976
Der Staatliche Kunsthandel eröffnet die „Galerie im Stadthaus".

25. September 1976
Die Multispektralkamera MKF 6 vom VEB Carl Zeiss Jena startet zum ersten Mal ins All.

1. April 1977
Die Handelsorganisation (HO) eröffnet in der Johannisstraße ein Beleuchtungshaus.

1. August 1977
Der VEB Schott & Gen. wird als JENAer Glaswerk dem Kombinat VEB Carl Zeiss Jena zugeordnet.

8. November 1977
In Jena-Burgau erfolgt die Einweihung der neuen Großtankstelle.

hielten sie in kleineren Käfigen oder bauten in den Gärten große begehbare Volieren. Schon als Schulkinder begeisterten uns die farbenfrohen Flattertiere, älter geworden und uns Züchter nennend, verkauften wir sie untereinander weiter, tauschten Pärchen aus oder gaben Einzeltiere ab. Gedieh die Zucht gut, gingen wir auch zum Zoologischen Fachgeschäft Kahaun in die Johannisstraße und verkauften dem Laden die Vögel.

Die bessere Tapete

Wir sammelten Postkarten, vor allem aus fremden Ländern und hängten sie in unsere Zimmer. Wir hoben weggeworfene Zigarettenpackungen auf, am liebsten HB oder Marlboro, und trugen sie nach Hause. Die Schachteln wurden geöffnet, eine Reißzwecke durch die weniger schöne Seite und an die Wand gepikst, die Schachtel wurde geschlossen und man hatte eine wirklich lässige und bunte Tapete mit etlichen Geheimfächern.

Modeschmuck der 70er – selbst gefertigte Kupferketten.

Musik auf der Zimmertür.

Es wurde viel selbst gebaut, gesägt, geklebt, gebrannt. Auch die Puppenstube für die kleine Schwester, der Setzkasten für den Bruder, der Blumenständer für die Mutti und die Topfuntersetzer für die Oma. Geschenke wurden oft nicht gekauft, sondern handwerklich hergestellt. Weil es nicht viel gab, einerseits, andererseits, weil wir es konnten, das Können genossen und auch die Zeit dafür hatten.

Erwachsen werden

Jugendweihen wurden auch in Jena groß gefeiert – im Stadttheater, in einer großen Schulaula, im Capitol oder auch im Planetarium. Jedes Jahr nahm man 400 bis 600 Vierzehnjährige in die Reihen der Erwachsenen auf. Andere wurden stattdessen konfirmiert. Wenige nur nahmen an beiden Veranstaltungen teil, was nicht allzu gern gesehen war, da die jeweiligen Lebenseinstellungen sich kaum miteinander vereinbaren ließen. Die Veranstaltungen probten wir ordentlich, vor allem unseren Einmarsch in den Festsaal und die Aufstellung der Gruppe.

Die Tageszeitung schaltete Anzeigen mit Gratulationen der FSU und verschiedener Jenaer Betriebe. Beim Festakt selbst rahmten Orchesterspiel, Chorgesang und Gedichtrezitation die feierliche Rede. Wir bekamen einen Blumenstrauß, unsere Urkunde und das obligatorische Buch „Weltall Erde Mensch“.

Der Festakt

Alle waren schick gekleidet und wir spürten durch die uns peinlich berührenden Floskeln des Gelöbnisses hindurch, dass es nicht ganz unwichtig war, ob man noch Thälmannpionier oder schon angehender FDJler war. Wir gelobten unser Bemühen um Fleiß, Ordnung und um die Einsicht in dereinst anfallende Notwendigkeiten. Wir waren stolz.

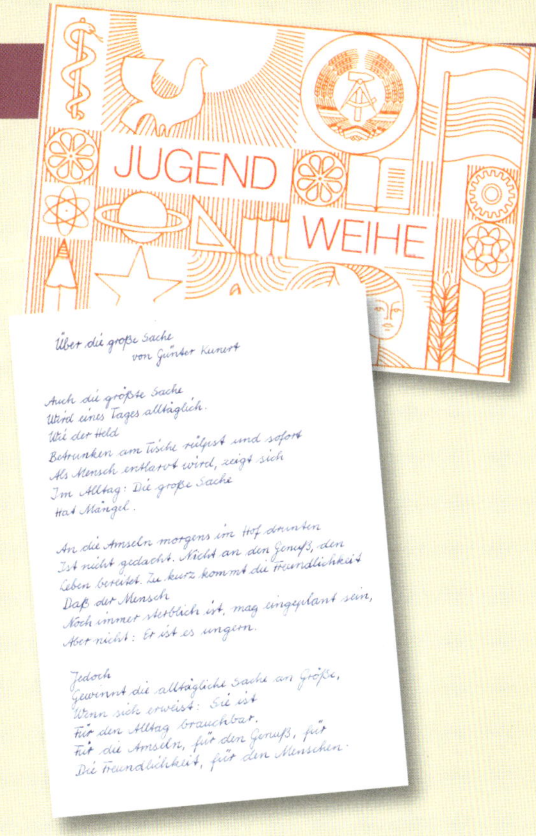

Zur Jugendweihefeier wurden Gedichte rezitiert.

Zur Jugendweihefeier zog man sich schick an.

Besonders der frisch zum 14. Geburtstag erhaltene Personalausweis und die Geschenke der Verwandten und Bekannten betonten diesen bedeutsamen Schritt in unserem Leben. Teilweise gab es sogar die ersten Geschirrteile für den zukünftigen eigenen Haushalt oder eine solide Banknote. Das freute und berührte uns manchmal mehr als der ganze – je nach Schule und Lehrern – mehr oder weniger sozialistisch aufgeladene Festakt.

Jugendliches Anderssein

Für die einschlägigen Fragen hatten wir die einschlägigen Antworten gelernt und gaben sie in den meisten Fällen von uns. Manches, weil wir es verstanden hatten, anderes, weil wir wussten: Es

gehörte dazu. Manchmal schwiegen wir auch einfach. Die Kriegs- und Nachkriegsgeneration hatte ein aus großem, erlebtem Leid erwachsenes Bestreben: Nie wieder Krieg! Nach dem zerstörerischen Niedergang des Faschismus hatten sie die Chance und den Wunsch, durch die eigene Kraft eine neue Gesellschaft aufzubauen, einen Sozialstaat, der eine Gleichstellung aller Bürger, eine klassenlose Gesellschaft und übermenschlichen Frieden zum Ziel hatte. Der Kommunismus stand als theoretisches Ideal, das nun – Jahrzehnte später – auf Schwierigkeiten und Grenzen bei der praktischen Umsetzung stieß.
Wir jungen Menschen sollten dieses ideale Konstrukt annehmen und verteidigen, durch Einsicht und mit der Waffe. Doch uns fehlte das Mitspracherecht. Wer sich zu kritisch oder zu christlich äußerte, hatte mindestens mit langen Diskussionen und Stellungnahmen zu rechnen. Wir entwickelten dadurch eine gewisse Zweiseitigkeit; denn wir wurden erwachsen und wollten das auf unsere eigene Weise tun. Wir begannen, Bestehendes zu hinterfragen, uns zu widersetzen oder uns anzupassen.

Damit, daneben, dagegen

Oft nährte sich unsere Skepsis im Stillen, im Kreis von Freunden oder der Familie. So lebten wir mit dem System, neben dem System, trotz System oder gegen das System, was sich später bei manchen in ein Außerhalb-der-Republik verwandelte. Äußerlich jedenfalls versuchten viele, anders als die Generation vor uns zu sein und westliche Einflüsse aufzugreifen. So gingen einige besonders gerne hipp und langhaarig durch das Jena der DDR; klemmten sich den Stern 111 Tourist, das klobige Kofferradio für die Reise, unter den Arm und liefen damit durch die Straßen. Sie ließen alle hören, dass sie nicht nur den Oktoberklub, die Puhdys und Paul Anka wollten, sondern auch Elvis Presley und die Rolling Stones. So lagen wir dann auch auf flachen geteerten Schuppendächern und richteten die Antennen unserer japanischen Kofferradios so aus, dass wir die illegalen Sender des Westfunks – den Deutschen Freiheitssender 904, Radio Luxemburg oder den Deutschen Soldatensender – einfangen konnten. Zwischen LW, MW und KW erklangen unter großem Gerausche die ersten Beatles-Songs. Wir besorgten ein offenes Mikro und Magnettonbänder, um sie festzuhalten. Inklusive aller Nebenklänge.

Aber bitte mit Sahne!

Wir trugen Knautschlackmäntel, schneeweiße Mohair-Pullover und Plateauschuhe, dazu Schlaghosen und Latzhosen. Die Mädels schnitten sich die Röcke und Hosen kurz oder schlüpften in wei-

Ein Auszug aus der Plattensammlung.

Rauschen und Steine, aber Hauptsache Musik.

te bunt gemusterte Kleider. Was die Jugendmodefachgeschäfte oft nicht hergaben, wurde einfach selbst genäht. So saßen wir dann im Hinterhof des Milchmix und löffelten den Eierlikör aus den Schwedeneisbechern, die Erdbeersoße von den Dosenerdbeeren und gemischte Dosenfrüchte vom gemischten Eis. Vanille. Erdbeer. Schokolade. Aber bitte mit Sahne!

Tanzen und Feiern

Um zu Tanzen und unsere Freunde zu treffen, gingen wir spätestens um acht Uhr los. Ins PK, ins Café Prag, ins RAW-Haus. Nicht oft, ein- oder zweimal im Monat reichten uns völlig aus. Legendär waren die Faschingsfeiern im Volkshaus, für die wir alle Karten hatten. Es war voll und bunt und laut und lustig. Wir wollten mehr davon. Eigentlich war der Mensafasching am Philosophenweg nur für die Studenten gedacht. Aber auch manchmal für die, die nicht studierten. Unsere hübschen Mädchen ohne Studentenausweis hatten keine Schwierigkeiten, eingelassen zu werden.
Für die Jungs war es weniger einfach. Einige von uns erklärten sich einmal freundlicherweise bereit,

Bier und Limo gab es in braunen kleinen Flaschen zu kleinen Preisen.

Im Jenaer Milchhof werden 1964 täglich 65 000 Flaschen mit Trinkmilch gefüllt und ausgeliefert. Aber Milch gab es auch noch in Tüten.

den Musikern zu helfen, da wir – ganz zufällig natürlich – vorbeigekommen seien und gesehen hätten, dass die Band so viele Geräte zu tragen habe. Zwei waren also drin, gingen in die Toilettenräume der untersten Etage, öffneten den Freunden die Fenster und ließen sie hineinklettern. So hatten etwa zehn Nicht-Studenten viel Spaß und Tanzerei. Wir tranken Orangenlimonade und Bier aus kleinen Flaschen oder Waldmeisterfassbrause. Für die lustigen Stunden gab es Eier-, Pfeffi- und Mokkalikör.

Das Mitgliedsbuch der Freien Deutschen Jugend.

Kino, Klub und Zirkel

Im Kino sahen wir Filme mit dramatischen und vielversprechenden Titeln wie „Was wäre, wenn ...?", „Wo der Teufel nicht hinkann", „Gejagt bis zum Morgen" und „Die schwarze Stadt". Ab und zu fuhren wir auch nach Lobeda zur ehemaligen Gaststätte „Zum Bären", die damals das Lehrlingswohnheim des VEB Bau-Union war, also eigentlich keine Jugendeinrichtung. Im Kultursaal gab es dennoch Tanzveranstaltungen oder Diskussionsrunden. Auch der Jugendklub Ammerbach lockte immer mal mit Vorträgen zu spannenden Themen, sodass die Stühle kaum ausreichten. Ansonsten waren die Jugend- und Studentenklubs zum Feiern, Singen und Lesen. Fürs Theater-, Schach- und Tischtennisspielen. Es gab zunehmend mehr davon. 1966 eröffnete der „Rosenkeller", 1968 gründete sich der „Jugendklub des Sinfonieorchesters". Ab

Die Mensa der FSU am Philosophenweg.

1976 konnten wir im Keller des Volkshauses den Zeiss-Jugendklub „Modul" besuchen, ab 1980 in der Ibrahimstraße das alte Gemäuer mit den Rundbogenfenstern, das der Jugendklub „Magnus Poser" für sich ausgebaut hatte.
Viel geschah in Eigeninitiative der FDJler: Putzen, Malern, Ausbauen. Selbst die kulturelle Arbeit, die Quizrunden und Gesellschaftsspiele, die Bandauftritte, Gesangsgruppen und Kegelwettstreite. Die Grafik-, Musik- und Fotozirkel. Vieles entstand einfach, weil engagierte junge Menschen es so wollten und tolerante ältere Menschen sie unterstützten.

Motorisiert

1964 hatte der VEB Simson Suhl den KR 51, die „Schwalbe", in Serie gegeben. Jeder, der konnte, versuchte für gut 1000 Mark einen dieser kultigen Kleinroller zu erstehen. Die doppelte Sitzbank war wichtig, um einen Kumpel oder die Freundin mitzunehmen. Aus der „Vogelreihe", in der auch „Spatz", „Star", „Sperber" und „Habicht" erschienen, ist die serienmäßig hellblaue „Schwalbe" das

Chronik

31. Januar 1978
Der Gustav-Fischer-Verlag begeht die Hundertjahrfeier seines Bestehens, davon 25 Jahre als VEB Gustav-Fischer-Verlag Jena.

25. März 1978
Um 10 Uhr wird im Zeiss-Hauptwerk in der Ernst-Abbe-Straße ein 40 Jahre alter und 100 Meter hoher Schornstein gesprengt. Mehrere Zehntausend Zuschauer sehen zu, wie dabei auch ein Teil des Gebäudes der Poliklinik Mitte zerstört wird.

26. April 1978
Circa 16 000 Einwohner beteiligen sich am Mach-mit-Wettbewerb zur Verschönerung der Stadt.

22. Mai 1978
Sintflutartige Regenfälle führen zur Überflutung von Kellern und Straßen.

13. Dezember 1978
Zum 30-jährigen Bestehen findet im Volkshaus ein Appell der Pionierorganisation „Ernst-Thälmann" statt.

15. Mai 1979
Eröffnung des HO-Gockel-Grill im „Grünen Kranz" in der Lutherstraße.

1. Oktober 1979
Zur Erinnerung an die Schlacht bei Jena wird in Cospeda die „Gedenkstätte 1806" neu eröffnet.

15. November 1979
Die Frauen vom Betriebssportverein Zeiss werden zum 5. Mal Europameister im Kegeln.

31. Dezember 1979
Jena zählt 102 893 Einwohner.

wohl berühmteste Modell. Und wenn wir so weit waren, dass wir unsere Simson oder die MZ ES 150 über eine Rampe in unser Jugendzimmer schieben konnten, um sie dort auseinanderzubauen und den Ärger mit der Mutter wegzustecken, dann waren wir beinahe ganz erwachsen. Wir winkten ab, wenn Mama sich Sorgen machte und knatterten an schönen Frühlingstagen auf die Kunitzburg oder die Wartburg, um die Aussicht zu genießen, miteinander allein zu sein oder einfach nur, um mit einem Ziel Motorrad fahren zu können.

Den Führerschein fürs Auto machten viele Jungs bei der Armee, teilweise gleich den für LKW und Bus dazu. Und wenn es so weit war, ließen wir uns vom Vater den Autoschlüssel geben und drehten eine Runde durch die Stadt oder fuhren gleich mit ein paar Freunden an die Ostsee.

Sich endlich unabhängig fühlen.

Wie also weiter?

Bereits in der achten Klasse hatten wir in der Regel unsere Entscheidung über unseren weiteren Ausbildungsweg getroffen. Wir gingen von der 10. Klasse zu einer betrieblichen Lehre, machten das Abitur an der EOS oder begannen eine Berufsausbildung mit Abitur.

Jena konnte nur drei Abiturklassen gewährleisten, aus finanziellen Gründen, aber auch, da nicht mehr Bedarf an hochschulreifen jungen Menschen bestand. In den sechziger Jahren hatte die III. Hochschulreform der FSU Jena ein neues wissenschaftliches Profil gegeben, das theoretische Forschung und sozialistische Praxis miteinander verwob. Das universitäre Forschungspozential sollte vor allem für die Bedürfnisse des Wissenschaftlichen Gerätebaus eingesetzt werden, sodass die Ausbildung in anderen Studiengängen dem untergeordnet wurde. Die Beurteilungen der Lehrer und unser gesellschaftspolitisches Engagement hatten immer einen gewissen Einfluss auf die Möglichkeiten, die uns überhaupt eröffnet werden konnten. Wünsche durften wir zwar äußern, aber letztendlich entschieden die guten schulischen

Leistungen und der entsprechende schulpolitische Plan. Und dieser sah nicht unbedingt vor, Arbeitersöhnen, Gelehrtentöchtern und christlich erzogenen Schülern den Weg zum Abitur gleichermaßen zu ermöglichen.

So war das

In der Lehre, im Studium und auf Arbeit fanden sich unsere neuen Lebenswege. Für die jungen Männer kam noch der Dienst bei der NVA dazu. Wer in einer Wohngemeinschaft oder noch bei den Eltern wohnte, konnte einen Übergang in die Selbstversorgung gemächlich planen. Für alle

Hochzeitsspiele im Kulturhaus in Ziegenhain.

Die Abitur-Berufsschulabschlussklasse beim Bau-Montage-Kombinat Erfurt, 1972.

Endlich 18 und frei alles tun und lassen zu können.

Eine unserer Reisen führte uns auch nach Berlin.

anderen hieß es jetzt haushalten. Im Schnitt verdiente ein Vollzeitarbeiter 500 bis 600 Mark. Für eine Packung Kaffee zahlten wir 17,50 M. Ein Kühlschrank kostete 1200, ein Fernseher 1600 Mark.

Eine Anschaffung wollte gut durchdacht sein, während die Grundversorgung durch Kartoffeln, Getreide- und Milchprodukte für alle gesichert war. Brot war so billig, dass wir es säckeweise kauften, um

Von nun an bestimmten wir selbst, zu welcher Zeit wir ins Kino gehen.

es den Tieren zu verfüttern, denn es kostete weniger als das Viehfutter. Aus allem versuchten wir das Beste zu machen. „Kannste mir das besorgen?“, hieß es immer wieder. Und wenn die Schwester der Freundin in einem Laden arbeitete, in dem ab und zu Bettwäsche zu haben war, dann konnte der Onkel des besten Freundes auch eine Ladung Dachziegel herbeizaubern.
Und wer wollte oder auf dem anderen Wege nicht durfte, konnte an der „Abendschule für Erwachsene“, also an der bildungsreformierten VHS, sogar noch das Abitur ablegen oder einen der Kurse zu Schul- und Facharbeiterabschlüssen belegen. Auch Sprachkurse waren sehr beliebt, Hobbylehrgänge, aber auch Befähigungsnachweise für Sekretärinnen, Reiseleiter oder Stadtbilderklärer.
Dann heirateten wir und bekamen Kinder, welche ihrerseits in den 80er und 90er Jahren aufwuchsen. Im Jena der Wendezeit oder aber anderswo.

Und dann wird alles anders ...

Die Stadt, in der wir aufgewachsen sind,

ist so ganz anders als alle Städte dieser Welt.

Das persönliche Geschenkbuch für alle, die sich gerne an die Kindheit und Jugend in ihrer Stadt erinnern …

Weißt Du noch? Hier drüben war das alte Kino, und dort die Straßenecke, wo wir heimlich den ersten Kuss tauschten. Wer erinnert sich nicht gern an die vertrauten Orte seiner Kindheit und Jugend – den Bolzplatz am Stadtrand, das alte Schultor oder die verrauchte Kneipe, in der nächtelang diskutiert wurde? Anderen fallen das Quietschen der Straßenbahn ein oder der Duft von frisch gebackenem Blechkuchen … und natürlich die Kindheits- und Jugendgeschichten, die man sich noch heute unter Freunden gern erzählt.

Kurzweilige Texte, ergänzt durch zahlreiche Fotografien der Zeit, wecken Erinnerungen an die ganz alltäglichen Dinge, wie wir sie alle in unserer Stadt erlebten.

Bücher aus dieser Reihe gibt es für Berlin, Bremen, Chemnitz, Dresden, …

… und viele andere Städte & Regionen in Deutschland!

www.**kindheitundjugend**.de

Unsere Bücher erhalten Sie im Buchhande
vor Ort oder direkt bei uns:

Wartberg Verlag GmbH & Co. KG
Im Wiesental 1, 34281 Gudensberg-Gleiche
Tel.: 05603/93 05-0, Fax: 05603/93 05-28
E-Mail: info@wartberg-verlag.de
Online-Shop: www.**wartberg-verlag**.de